GESA NEITZEL

Safari KITCHEN

INHALT

Warum ich auf eine VEGANE ERNÄHRUNG umgestiegen bin

2015 ließ ich mein altes Leben als Fernsehredakteurin in Berlin zurück, um mich im südlichen Afrika zum Safari-Guide ausbilden zu lassen. Es geschah während dieser Zeit, dass ich zum ersten Mal den Verzehr von Tierprodukten wirklich infrage stellte. An einem späten Nachmittag kehrten wir Schüler von einer aufregenden Safari-Fahrt zurück, auf der wir Elefanten, Löwen, Zebras und Co. aus nächster Nähe bewundert hatten. Am Abend tauschten wir uns dann am gemeinschaftlichen Lagerfeuer aus, während die Steaks über den heißen Kohlen grillten. Und in diesem Moment konnte ich nicht anders, als mich zu fragen:

Wo ist der Unterschied?

Wo ist der Unterschied zwischen dem Elefanten, den ich auf Safari bewundere, und dem Rind, das ich kurz darauf in Form eines Steaks ohne Bedenken auf meinen Teller lade? Wo ist der Unterschied zwischen dem Storch, dem ich geruhsam dabei zuschaue, wie er in den Sonnenuntergang fliegt, und dem Huhn, das ich aber auch nur dann esse, wenn ihm alle Federn bereits gerupft wurden und es von allem Blut gesäubert wurde? Wo ist der Unterschied zwischen den wilden Tieren und den sogenannten Nutztieren?

Beide empfinden Schmerz auf dieselbe Weise, beide beschützen ihre Neugeborenen mit derselben Fürsorge, beide haben mir auf ihre ganz eigene Art oft genug bewiesen, dass sie Gefühle wie Freude oder Angst empfinden können.

Ich musste feststellen, dass es für mich wirklich keinen Unterschied gab.

An diesem Tag setzte sich für mich ein Rad in Bewegung, das sich seitdem stetig weitergedreht hat. Nach dem Abschluss der Ausbildung entschieden mein Mann Frank und ich, dass wir der veganen Ernährung eine Chance geben würden. Seitdem haben wir nicht zurückgeschaut. Und auch wenn wir es nicht immer zu hundert Prozent perfekt hinbekommen (in seltenen Fällen schleicht sich noch ein Stück Halloumi-Käse ein), so sind wir beide nach wie vor davon überzeugt, dass es die richtige Entscheidung war.

Mir ist vor allem wichtig, dass der Anspruch auf Perfektionismus verworfen wird – und zwar nicht nur wenn es um die Ernährung geht, sondern in allen anderen Lebensbereichen. Es ist, so glaube ich, genau dieser Perfektionismus, der viele vom Veganismus abschreckt. „Also, ich könnte niemals auf Käse verzichten!" Diesen Satz höre ich häufig. Meine simple Antwort darauf lautet: Dann verzichte eben erst mal nicht drauf. Fang damit an, die Dinge in deiner Ernährung umzustellen, die dir leichtfallen. Und bleib bzw. sei offen für Veränderung! Der Rest ergibt sich dann nach und nach ganz von allein.

Was diese Welt braucht, sind nicht eine Handvoll „perfekte" Veganer, die allen anderen ein schlechtes Gewissen machen – was diese Welt braucht, ist eine menschliche Bevölkerung, die sich mit der Frage auseinandersetzt, wo ihre Lebensmittel herkommen und welchen Einfluss alltägliche Entscheidungen auf das Wohl unserer Gemeinschaft haben. Und diese Gemeinschaft sollte nicht nur uns Menschen, sondern auch die Tiere und die Pflanzen einschließen. Wir Menschen sind ein Teil vom großen Ganzen – die vegane Ernährung hat mir geholfen, mich wieder daran zu erinnern. Ich setze mich heute viel mehr damit auseinander, welche Lebensmittel ich meinem Körper zuführe, wo diese herkommen und welche Nährstoffe sie enthalten.

Die Gründe, warum immer mehr Menschen auf den Verzehr von Tierprodukten verzichten oder den Verzehr einschränken, sind so vielfältig wie individuell. Dem einen liegt das Wohl der Tiere am Herzen, dem anderen ist dank der einschlägigen Dokus vor Augen geführt worden, welche Auswirkungen die Viehzucht auf das Klima der Erde hat; ein anderer tut es der Gesundheit wegen – viele wahrscheinlich aus allen genannten Gründen zusammen. Mein persönlicher Grund lässt sich am besten mit einem Zitat von Albert Schweitzer (geboren im Jahr 1875, seines Zeichens Vegetarier und Tierschützer) aus seinem Buch „Die Ehrfurcht vor dem Leben" beschreiben:

„Ist der Mensch von der Ethik der Ehrfurcht vor dem Leben berührt, so schädigt und vernichtet er Leben nur aus Notwendigkeit, der er nicht entrinnen kann, niemals aus Gedankenlosigkeit."

Diese Notwendigkeit zu definieren, ist gewiss nicht einfach. Ja, eine Definition kann wohl für jeden von uns immer nur subjektiv erfolgen. Was ich für notwendig halte, mag für dich vollkommen überflüssig erscheinen – und umgekehrt. Wichtig ist, so denke ich, sich die Worte Schweitzers immer mal wieder in Erinnerung zu rufen und regelmäßig zu überprüfen, ob das eigene Herz nach wie vor am rechten Fleck schlägt.

Die Ehrfurcht vor allem Leben ist der Kompass, nach dem ich mein Herz kalibriere. Nicht immer bekomme ich es perfekt hin, aber immer öfter stelle ich fest, wie wertvoll diese Welt doch ist, wenn ich all das schätze und ehre, was sie lebendig macht.

Wie dieses Buch entstanden ist …
On the Road in Africa

Heutzutage bereisen Frank und ich gemeinsam den afrikanischen Kontinent, wann immer sich die Gelegenheit ergibt – er für sein Business (eine Reiseagentur für Safaris), ich zur Recherche von meinen Büchern. Wenn wir unterwegs kochen, dann immer über dem Feuer und mit sehr simplen Zutaten, die sich überall auf der Welt finden lassen. Wir sind vornehmlich im südlichen Afrika unterwegs (Südafrika, Namibia, Botswana, Sambia und Simbabwe) und können hier, mal abgesehen von den großen Städten Südafrikas, nicht auf vegane Fertigprodukte zugreifen. Und so sind über die letzten fünf Jahre die Rezepte für dieses Buch entstanden.

Mir war es wichtig, vollwertig und gesund zu kochen. Nur weil die Mahlzeiten nicht wie sonst am heimischen Herd zubereitet werden, sondern stattdessen am Lagerfeuer oder auf einem einfachen Gaskocher, bedeutet das noch lange nicht, dass für die Dauer des Trips nur noch Dosenravioli auf dem Menü stehen.

… und was du darin findest.
Rezepte für unterwegs UND zu Hause.

Meine Rezepte sind so einfach wie möglich gehalten und die meisten der frischen Zutaten lassen sich einfach abwandeln, je nachdem, welches Gemüse Saison hat oder was man gerade noch da hat. Sie eignen sich sowohl für einen Campingtrip als auch für das Kochen zu Hause. Im Buch findest du Anleitungen für das Kochen in deiner Küche oder am Lagerfeuer – je nachdem, wo du dich gerade befindest. Eine gewisse Freude am Kochen und die Wertschätzung von guten, gesunden Lebensmitteln sollten vorhanden sein – sonst kann das Kochen am Lagerfeuer eine echte Herausforderung werden und die Dosenravioli werden doch ganz schnell wieder herbeigesehnt.

Alle meine Rezepte sind am Lagerfeuer entstanden, aber wurden in der Küche noch mal ausgetestet. Und so freue ich mich sagen zu können, dass Safari Kitchen auch zu Hause ein kleines Gefühl von Abenteuer zu vermitteln mag, z.B. wenn die Campfire Orange Cakes zubereitet werden oder das eine oder andere Gericht einfach direkt aus der gusseisernen Pfanne geschlemmt wird.
Meine Botschaft ist simpel: Wenn ich es mit Leichtigkeit und Freude schaffe, mich unterwegs in Afrika vegan und gesund zu ernähren, dann kriegst du das auch hin, versprochen. Dieses Buch will dir dabei helfen.

Und nicht vergessen: Wenn Affen dein Obst klauen, starke Windböen das Kochen zur Hölle machen und das selbst gebackene Brot mal wieder im Lagerfeuer verbrannt ist – dann weißt du, dass du alles richtig gemacht hast. Denn dann isst du wieder draußen in der Natur, so wie es sein soll. Und hier draußen war es ein guter Tag, wenn es wenigstens nicht deine Haare waren, die brannten … denn auch das kann durchaus vorkommen.

WELCOME TO THE SAFARI KITCHEN.

Alles Liebe,
deine Gesa

Gesa Neitzel

VOR DER REISE
Die Safari-Kitchen-Basics

Frank und ich sind als sogenannte Overlander unterwegs. Das bedeutet, wir reisen mit einem Geländewagen, in dem wir ausreichend Equipment und Vorräte verstauen können, und überqueren auf unseren Reisen mehrere Ländergrenzen. Diese Art zu reisen, ist im südlichen Afrika sehr beliebt; ein entsprechendes Fahrzeug mietet man kostengünstig am besten in den südafrikanischen Großstädten Kapstadt oder Johannesburg oder in Namibias Hauptstadt Windhoek.

Wir sind seit nunmehr fünf Jahren (mit Unterbrechungen natürlich) auf diese Weise unterwegs. Unser Equipment ist entsprechend ausgeklügelt und vielseitig. Die komplette Campingausstattung würde an dieser Stelle den Rahmen sprengen und da dies ja ein Kochbuch ist, beschränke ich mich im Folgenden auf die Grundausrüstung, die ich für deine eigene Safari Kitchen empfehlen würde (siehe auch das Foto auf S. 10/11). Übrigens: Wer im südlichen Afrika campen möchte, bekommt die meisten dieser Gegenstände mit dem Mietwagen; andernfalls ist man besser damit beraten, sie vor Ort zu kaufen.

Folgendes Zubehör gehört für mich in die Basisausstattung

- eine **große Grillzange,** um die Kohlen im Feuer zu bewegen (Achtung, diese Zange nicht fürs Essen verwenden)
- eine **kleine Grillzange** zum Wenden des Gemüses auf dem Grill oder in der Pfanne
- ein paar **Aufbewahrungsboxen/-dosen** und **Einweckgläser** (ich versuche, alle meine Würzmittel und Saucen in Gläsern zu kaufen, und wasche diese aus, wenn sie leer sind)
- eine **gusseiserne Pfanne** (idealerweise mit Deckel)
- ein sogenannter **Feuertopf (auch Dutch Oven, Fire Pot oder Bread Pot) aus Gusseisen**
- ein **Kessel**
- eine **Thermoskanne**
- ein **Potjie** (kleiner gusseiserner Topf mit drei Beinen; kein Muss, aber ich verwende ihn gern)
- vielleicht noch zusätzlich eine **kleine Pfanne** / ein **kleiner Topf**
- **Besteck**
- zwei **Schneidemesser**
- zwei **Schneidebretter** (eins für Gemüse, eins für Obst – ich mag es nicht, wenn das Obst nach Zwiebel oder Knoblauch schmeckt, darum zwei verschiedene Bretter)
- **Holzkochlöffel**
- **Emaillegeschirr** (Teller und Schalen)
- **Emailletassen** (davon 1 Tasse mit 200 ml Inhalt, die nutze ich zum Abmessen von Zutaten)
- ein **kleiner Gaskocher** (sehr praktisch, wenn mittags gekocht wird; dann muss man nicht extra ein Feuer machen)
- **Streichhölzer** oder **Feuerzeug**
- **Küchenrolle**
- **Alufolie** (bitte sparsam benutzen und wiederverwenden)
- **Backpapier**
- ein **kleiner Grillrost** mit Beinen oder Griff
- eine **Kopftaschenlampe + Batterien** (sehr wichtig, wenn am Abend im Dunkeln gekocht wird)

Lebensmittel und Würzzutaten: meine wichtgsten Basics für den Campingtrip

Da man gerade auf Safari nicht ständig die Möglichkeit hat, im Supermarkt Lebensmittel einzukaufen, lohnt es sich, einen gewissen Vorrat an Grundnahrungsmitteln vor Reisestart zu besorgen. Im Folgenden habe ich dir aufgelistet, was bei mir unbedingt auf die Reise mitkommt, damit wir für die Grundversorgung immer ausgerüstet sind.

GETREIDEPRODUKTE & KÖRNER

- *Buchweizen (am besten bio)*
- *Haferflocken (Haferflocken können durch Abfüllanlagen mit Gluten verunreinigt werden; ich achte daher auf garantiert sicher glutenfreie Haferflocken; die gibt es im Reformhaus)*
- *helle Sesamkörner*
- *Leinsamen oder Chiasamen (als Ei-Ersatz zum Backen)*
- *Vollkornmehl*
- *Naturreis*
- *normaler Reis*
- *(glutenfreie) Nudeln*

GEWÜRZE

- *Currypulver*
- *Ingwerpulver*
- *getrockneter Oregano*
- *Pfeffer*
- *Paprikapulver*
- *Salz*
- *Zimtpulver*

ESSIG & ÖL

- *Apfelessig*
- *Aceto balsamico*
- *Weißweinessig*
- *Avocadoöl*
- *Olivenöl*

AUSSERDEM

- *Ahornsirup*
- *Backpulver*
- *Bohnen, Linsen und Kichererbsen (aus der Dose)*
- *brauner Zucker*
- *Erdnussbutter*
- *Gemüsebrühe (flüssig oder Würfel)*
- *Kokosmilch (aus der Dose)*
- *Pflanzendrinks (ich nenne sie auch „vegane Milch"; meine Lieblingssorten sind Hafer- oder Reisdrink)*
- *Senf*
- *stückige Tomaten (aus der Dose)*
- *Sojasauce*
- *Zitronen*

Wasser: ein wertvolles Gut

Frank und ich haben einen großen Wassertank neben dem Benzintank in unserem Auto sowie zwei extra Kanister. Damit kommen wir bis zu drei Wochen aus ... Wer keinen Wassertank hat, sollte sich im Supermarkt mit ausreichend 5-l-Flaschen Wasser versorgen. Du brauchst pro Person etwa 3 l Trinkwasser pro Tag.

Noch ein Hinweis zu meinen Rezepten

Natürlich kannst du meine Rezepte auch zu Hause kochen. Bei allen Rezepten, die ich nicht auf dem Gaskocher zubereite, findest du daher zwei verschiedene Zubereitungsarten:

Zubereitung auf dem Feuer/in der Glut

Zubereitung im Backofen

Verschraubbare Gläser
Grill-zange
Gusseisenpfanne und -topf
Holzkochlöffel
Emaille-geschirr
Grillrost
Emailletassen

Feuertopf
Kessel
Potjie
Schneidebrett
Besteck
Solar-
licht

DER NATUR ZULIEBE
7 Tipps für nachhaltiges Campen

Wenn wir campen gehen, dann kehren wir zurück in die Natur. Es gibt kein besseres Gefühl, als ein selbst gemachtes Brot im Lagerfeuer zu backen, nachts in die Sterne zu schauen oder morgens im Zelt zum Gesang Dutzender Vögel aufzuwachen. Und gerade weil die Natur uns so viel gibt, ohne im Gegenzug je etwas von uns zu fordern, sollte es uns am Herzen liegen, die Orte, die wir besuchen, so wenig wie möglich zu belasten. Mir ist klar, dass es unmöglich ist, gar keinen Einfluss auf unsere Umwelt zu nehmen – mit jedem einzelnen Schritt, den wir tun, könnten wir theoretisch Hunderte von Ameisen zerquetschen. Aber es war Jane Goodall, die gesagt hat: „You cannot get through a single day without having an impact on the world around you. What you do makes a difference, and you have to decide what kind of difference you want to make."

Im Folgenden teile ich darum ein paar Tipps mit dir, wie dein Fußabdruck während eines Campingtrips so klein wie möglich bleibt:

1. Kaufe deine Lebensmittel auf einem lokalen Markt

(Plastik-)Verpackungen sind ein wahrer Fluch während eines Campingtrips – je weniger davon wir in die Natur bringen, desto besser. Am allerbesten besiegst du das Biest direkt an der Quelle, nämlich beim Einkaufen deiner Lebensmittel. Auf einem lokalen Markt einzukaufen, bedeutet automatisch weniger bis gar kein Plastik, das du während deines Trips entsorgen musst. Bonus: Das Obst und Gemüse, das du frisch vom Markt holst, ist von besserer Qualität, und wenn du im Ausland campen gehst, bekommst du so außerdem noch die Möglichkeit, mit den Locals in Kontakt zu treten. In den afrikanischen Ländern mag es zunächst etwas Überwindung kosten, auf Märkte zu gehen, aber wer sich einmal getraut hat, kommt immer wieder!

2. Investiere in wiederverwendbares Equipment

Einweg und Besteck mögen auf den ersten Blick einfacher erscheinen (denn so spart man sich den Abwasch). Aber die Natur dankt es uns, wenn wir stattdessen in wiederverwendbares Geschirr und Besteck investieren. Oder noch besser: einfach direkt aus der Pfanne essen! In diesem Buch findest du in einigen Rezepten die Möglichkeit, Alufolie zu benutzen. Dies ist vor allem für diejenigen gedacht, die nur einmalig campen gehen wollen. Allen anderen möchte ich unbedingt empfehlen, in einen Feuertopf (Dutch Oven) zu investieren (siehe S. 8). Wenn sich die Alufolie absolut nicht vermeiden lässt, versuche ich, sie schonend zu benutzen, sodass ich sie wiederverwenden kann. Zum Aufbewahren von übergebliebenen Lebensmitteln lohnt es sich, in ein paar luftdicht verschließbare Behältnisse zu investieren (ich verwende Edelstahldosen).

3. Richte Müllstationen ein

Das ist vor allem sinnvoll, wenn man mit mehreren Leuten campen geht. Wir richten auf unseren Trips drei verschiedene Stationen ein: eine Box für Plastikmüll, eine weitere Box für Papier und Karton und dann ein paar recycelbare Müllbeutel für den Biomüll. Die gute Nachricht für uns Veganer ist, dass der Biomüll viel weniger stinkt, weil keine Tierprodukte darin verrotten. Außerdem vermeide ich Essensreste, so gut es geht. So mache ich meine eigene „Zero-Waste-Gemüsebrühe" aus Gemüseresten wie z. B. Zwiebel- und Knoblauchschalen, Möhrenenden oder Champignonstielen (siehe S. 152).

4. Nimm alles wieder mit, was du hergebracht hast

Das versteht sich eigentlich von selbst, aber oft habe ich es auf afrikanischen Campingplätzen gesehen, dass Essensreste in die Büsche oder aufs

Feuer geworfen werden. Doch die wilden Tiere finden alles und gewöhnen sich so an uns campende Menschen. Was für manche eine tolle Erfahrung zu sein scheint, bedeutet aber tatsächlich, dass die Tiere ihre Scheu vor uns Menschen verlieren und dann gefährlich oder aggressiv werden können.

5. Verwende natürlich abbaubare Produkte: Spülmittel, Seife und Shampoo

Normales Spülmittel und Shampoo schaden der Umwelt, wenn sie im Boden versickern. Besser ist es, in eine natürlich abbaubare Variante zu investieren, und am besten z. B. festes Shampoo zu verwenden, so hat man am Ende auch weniger Müll.

6. Übertreib's nicht mit dem Feuer

Das sehe ich leider häufig bei unseren Campingnachbarn: Wenn ein Feuer gemacht wird, dann richtig! Aber Tatsache ist, wir brauchen wirklich kein großes Feuer. Gehe sparsam mit dem Holz um, das dir die Natur schenkt, und achte darauf, dass du jedes Feuer anständig löschst, bevor du zu Bett gehst. *Tipps zum Feuermachen findest du auf S. 87.*

7. Bring einen Spaten mit

Viele Campingplätze (auch in Afrika) haben heutzutage sanitäre Anlagen mit Duschen und Toiletten. Doch es kann immer mal wieder vorkommen, dass man an einem komplett wilden Ort übernachtet, wo einem wirklich nichts anderes übrig bleibt, als hinter dem nächsten Busch zu verschwinden. Für diesen Zweck lohnt es sich, einen kleinen Spaten auf die Reise mitzunehmen. Einfach ein Loch buddeln, das Geschäft erledigen, das Toilettenpapier im Loch verbrennen und das Loch wieder zubuddeln. Alternativ kann man ein paar kleine Papiertüten mitbringen, das benutzte Toilettenpapier darin verstauen und entweder im Lagerfeuer verbrennen oder nach dem Trip zurück in der Zivilisation entsorgen.

EXTRA-VITALSTOFFE...

... habe ich immer mit im Gepäck

Als Veganer ist vor allem am Anfang der Ernährungsumstellung die große Frage: Wie gehe ich sicher, alle Nährstoffe zu mir zu nehmen, die mein Körper braucht? Ein wichtiges Thema, deshalb will ich es auch in meinem Buch ansprechen. Ich selbst lasse mein Blut zweimal im Jahr testen und hatte bisher keinerlei Mängel. Aber jeder Körper ist anders, darum kann ich nur jedem empfehlen, die Einnahme von Nahrungsergänzungsmitteln mit dem Arzt zu besprechen oder einen Ernährungsberater hinzuzuziehen. Auch Nicht-Veganern kann ich das empfehlen: Tatsache ist, dass unsere modernen Lebensmittel nicht mehr die gleiche Nährstoffqualität haben wie noch vor 20 oder 30 Jahren. Meine Schwiegermama z. B. isst nach wie vor Fleisch und bei ihr wurde kürzlich ein Vitamin-B_{12}-Mangel festgestellt – das Vitamin, das unserem Körper angeblich nur durch den Verzehr von Tierprodukten zugeführt werden kann.

Hier kommt eine Liste mit den Nahrungsergänzungsmitteln, die ich selbst zu mir nehme.

Vitamin B_{12}

Vitamin B_{12} ist unersetzlich für einen gesunden Körper. Was viele nicht wissen, ist, dass Vitamin B_{12} neben Bakterien im Darm von Tieren auch von Bakterien in der Erde hergestellt wird. Aber aufgrund von immer schlechterer Qualität des Bodens auf unseren Feldern und aufgrund der Tatsache, dass das Gemüse viel zu sauber gewaschen wird, müssen Veganer mit einer Pille nachhelfen – einer Pille, die heutzutage übrigens auch die meisten Tiere aus der Massentierhaltung bekommen (95 % der weltweit hergestellten Vitamin-B_{12}-Tabletten werden Farmtieren zugeführt).

Multivitamin

Ich nehme täglich eine hochwertige Multivitamintablette ein, die Vitamin B_{12} enthält sowie Vitamin C, D und E. Außerdem stecken noch Zink, Selen, Jod, Eisen, Magnesium und Kalzium drin. Kalzium bekomme ich eigentlich schon genug durch den Verzehr von z. B. grünen Bohnen, Erbsen, Linsen, schwarzen Bohnen und Kichererbsen sowie Mandeln, Chiasamen und Sesam. Magnesium steckt z. B. in Avocados oder in dunklem Blattgrün wie Spinat und Grünkohl. Zum Thema Eisen schau gern auf S. 29 vorbei.

Veganes Omega 3

Omega-3-Fettsäuren sind gut für das Gehirn, das Herz, die Augen und wirken obendrein noch entzündungshemmend. Studien ergaben außerdem, dass Omega 3 bei Depressionen und Angstzuständen helfen kann. Auch hier gilt wieder: Wir finden reichlich Omega-3-Fettsäuren in den Pflanzen, die wir essen. Aber mit einer der Geltabletten täglich geben wir den guten Nährstoffen einfach noch einen kleinen Schubs.

Probiotika

Unser Darm gilt als das zweite Gehirn unseres Körpers. Eine gute Darmflora ist darum unfassbar wichtig, denn je besser ausgerüstet die Bakterien in unserem Darm sind, desto besser können sie die Nahrung, die wir zu uns nehmen, aufspalten und verarbeiten. Probiotische Kulturen stecken neben den Tabletten außerdem z. B. in Sauerkraut, Kombucha, Gewürzgurken oder veganem Joghurt.

Hormonbalance

Zu guter Letzt noch eine kleine natürliche Wundertablette, die speziell für Frauen gedacht ist, um den Hormonhaushalt zu regulieren. Meine Tablette enthält Kurkuma, Vitex, Dong Quai (Chinesische Engelwurz), Ingwer und Magnesium und hilft, Regelschmerzen zu beseitigen und einen ausgeglichenen Monatszyklus zu gewährleisten.

MORGENS

STRAWBERRY-PEANUTBUTTER-SMOOTHIE

mit Zimt

Als ich zum ersten Mal auf Safari in Namibia war, hat sich eine (vielleicht nicht ganz so gesunde) Essgewohnheit eingeschlichen: Zum morgendlichen Kaffee auf irgendeiner Düne im Wüstenstaat gab es immer ein PB and J – ein „Peanutbutter and Jelly Sandwich". Heute bin ich älter und weiser und versuche, wo ich nur kann, mich gesund zu ernähren – auch unterwegs. Mein Strawberry-Peanutbutter-Smoothie stellt also die gesunde Variante des guten alten PB and J's dar. Smoothies in all ihren Variationen bieten für mich das perfekte Frühstück to go. Sie sind schnell zubereitet, stecken voller wertvoller Nährstoffe und wirken zudem schonend auf den Verdauungstrakt (was unterwegs ja immer eine feine Sache ist).

ZUTATEN FÜR 2 SMOOTHIES

2 EL (25 g) ungesüßte Erdnussbutter (am besten über Nacht im Kühlschrank aufbewahren)

1 Tasse Pflanzendrink (oder Kokosmilch, siehe Tipp)

1 Tasse (150 g) Erdbeeren (frisch oder tiefgekühlt)

½ TL Zimtpulver

etwas Ahornsirup

1 Prise Ingwerpulver (nach Belieben)

1 kleine Banane (nach Belieben; ich persönlich mag keine Bananen, darum lasse ich sie weg)

Spezial-Equipment

tragbarer Smoothie-Maker oder Standmixer (zu Hause)

1. Die Erdnussbutter und 2 TL Pflanzendrink im Smoothie-Maker oder Standmixer auf mittlerer Stufe zu einer homogenen Masse mixen. Geduld haben: Je kälter die Erdnussbutter, desto länger kann es dauern.

2. Den restlichen Pflanzendrink, Erdbeeren (bis auf 2 für die Deko; wenn frisch: gewaschen und geputzt), Zimt, 1 TL Ahornsirup und nach Belieben Ingwer und die Banane hinzugeben und auf mittlerer Stufe zu einem Smoothie mixen.

3. Strawberry-Peanutbutter-Smoothie in zwei Gläser füllen, mit einem Schuss Ahornsirup nachsüßen und mit restlichen Erdbeeren und nach Belieben etwas Kokosmilch und Zimt garnieren (oder gleich aus dem Smoothie-Maker trinken).

Tipp: Ich habe das Glück, in unserem Land Rover ein kleines Mini-Gefrierfach zu haben, das über Solarzellen betrieben wird und in dem ich meine gefrorenen Früchte aufbewahre. Wer diesen Luxus unterwegs nicht hat, dem empfehle ich, den Pflanzendrink durch Kokosmilch zu ersetzen, damit der Smoothie cremiger wird. Wichtig: Die Dose vor dem Öffnen eine Weile aufrecht stehen lassen und nicht schütteln – dann sammelt sich das Kokoswasser am Boden der Dose. Nach dem Öffnen einfach die feste Kokosmilch von oben mit einem Löffel abschaben. Das restliche Kokoswasser trinken oder in einem Einweckglas aufbewahren und z. B. in den Buchweizen-Porridge (S. 62) mixen.

CINNAMON FRENCH TOAST

mit frischen Früchten

Als mein Mann Frank und ich mit der veganen Ernährung angefangen haben, war das Frühstück für uns die schwierigste Mahlzeit, die wir umstellen mussten. Denn bei uns gab es in der Vergangenheit vor allem am Wochenende immer unsere geliebten Eierspeisen in allen möglichen Variationen. Nun sind wir aber beide keine großen Fans von veganem „Tofu-Scramble" (zumindest nicht, wenn ich es zubereite). Kurzum: Eine Frühstücksalternative fürs Wochenende musste her! French Toast habe ich tatsächlich zum allerersten Mal in der veganen Variante gemacht und auch gegessen – und für unfassbar gut befunden! Die Zubereitung ist total einfach und am besten gelingt er, wenn das Ciabatta-Brot schon ein paar Tage alt ist.

ZUTATEN FÜR 2 PERSONEN

1 Dose Kokosmilch (400 ml)

2 TL gemahlene Leinsamen

2 TL Vanilleextrakt

2 TL Zimtpulver

Salz

2 TL Kokosöl

1 Ciabatta-Brot (1 bis 2 Tage alt; in Scheiben)

Ahornsirup zum Übergießen

frische Früchte deiner Wahl und Kokosraspel (nach Belieben) zum Garnieren

1. In einer weiten Schale Kokosmilch, Leinsamen, Vanille, Zimt und 1 Prise Salz verrühren. 5 Minuten stehen lassen.
2. In einer Pfanne das Kokosöl auf kleiner Flamme (zu Hause: bei schwacher Hitze) schmelzen.
3. Ciabatta-Brotscheiben in dem Rührteig wenden, dabei jeweils kurz einweichen lassen.
4. Eingeweichte Brotscheiben in die Pfanne geben und auf beiden Seiten 4 bis 5 Minuten goldbraun braten.
5. Auf Tellern anrichten, mit Ahornsirup übergießen, mit den Früchten und nach Belieben mit Kokosraspeln garnieren.

PINEAPPLE SMOOTHIE

mit Kokosmilch

Piña Coladas zum Frühstück (keine Sorge: ohne Alkohol)! Meine Pineapple Smoothie Bowl ist ein leichter, ganz einfacher Smoothie mit Ananas, Kokosmilch, Hanfsamen und veganem Joghurt. Cremig, satt machend und erfrischend – für mich der beste Start in den Tag! Vor allem, wenn es am Morgen schnell gehen muss, weil die Löwen ganz in der Nähe gebrüllt haben.

ZUTATEN FÜR 2 PERSONEN

½ Tasse Kokosmilch

½ Tasse Ananas (in Würfeln)

Saft von 1 kleinen Zitrone (nach Belieben)

¼ Tasse veganer Joghurt deiner Wahl (Soja- oder Kokosjoghurt)

1 EL Hanfsamen

1 Dattel (ohne Stein)

1 TL Vanilleextrakt

1 Tasse Eiswürfel (nach Belieben)

Spezial-Equipment

tragbarer Smoothie-Maker oder Standmixer (zu Hause)

1. Alle Zutaten in den Smoothie-Maker oder Standmixer geben, dabei einige Ananaswürfel für die Deko beiseitelegen.

2. Zunächst auf niedriger Stufe mixen, dann langsam hochfahren, bis sich eine einheitliche, cremige Masse ergibt.

3. Pineapple Smoothie in Müslischalen oder Gläser füllen und mit den beiseitegelegten Ananaswürfeln garnieren.

Tipp: Soll der Smoothie noch dickflüssiger werden, am besten gefrorene Ananaswürfel verwenden. Dazu Ananas einfach am Vorabend in Würfel schneiden und über Nacht tiefkühlen – so geht die Zubereitung am Morgen dann sogar noch schneller!

MEINE SAFARI-
Morgenroutine

Der Trick einer entspannten Morgenroutine liegt für mich sowohl zu Hause als auch auf Safari darin, am Abend alles gut vorzubereiten. Viele meiner Frühstücksrezepte können bereits am Vorabend gekocht werden – und das ist auf Safari tatsächlich sehr angenehm, denn am Morgen hat man meist nicht viel Zeit.

Wir stehen auf Safari vor dem Sonnenaufgang auf. Das ist immer ein besonders nervenaufreibender Moment, wenn wir zum ersten Mal unsere Nasen aus dem Zelt stecken und mit der Taschenlampe überprüfen, ob uns irgendwelche großen Augen aus der Dunkelheit anstarren. Falls wir ein Augenpaar entdecken, das uns nicht geheuer ist (z.B. von einem Löwen oder Leoparden), bleiben wir im Zelt liegen, bis es hell wird. Wenn nicht, krabbeln wir die Leiter hinunter (wir haben ein Dachzelt, das unserem Geländewagen aufliegt). Auf dem Beifahrersitz liegt schon das erste Frühstück bereit:

Vor Sonnenaufgang gibt es bei uns nur einen kleinen Snack, z.B. meine No Bake Cookies, Overnight Oats oder Brownies. Das heiße Wasser für den morgendlichen Kaffee haben wir bereits am Vorabend im Kessel über dem Feuer aufgewärmt und in einer Thermoskanne aufbewahrt, in der das Wasser bis zu zehn Stunden warm bleibt. Vor Sonnenaufgang kann es in Afrikas Wildnis durchaus noch sehr kalt sein, vor allem in Wüstengegenden wie der Kalahari oder in Namibias Damaraland, darum versuchen wir gern, das Feuer vom Vorabend noch mal kurz zum Laufen zu bringen.

Auf unseren kleinen Campingstühlen kuscheln wir uns am Feuer zusammen und lauschen den morgendlichen Geräuschen: Immer mehr Vögel erwachen und am Horizont lassen sich langsam die Konturen der Bäume und Hügel erkennen. Zum Sonnenaufgang sitzen wir im Auto und machen uns auf die Suche nach den nachtaktiven Tieren, die in den frühen Morgenstunden gerade noch unterwegs sind. Wenn wir Glück haben, finden wir ein Rudel Löwen an einem frischen Riss oder gar einen Leoparden auf der Pirsch. Bevor der Tag zu heiß wird, kehren wir zu unserem Campingplatz zurück – das ist meist zwischen 9 und 10 Uhr. Dann haben wir in Ruhe Zeit, um ein großes Frühstück zu kochen, z.B. das Bauernfrühstück oder die Sweet Potato Pancakes, bevor wir dann ein Mittagsschläfchen einlegen.

Geschmorte ÄPFEL MIT GRANOLA

Meinen Apple Crisp habe ich zum ersten Mal aus der Not heraus gekocht. Irgendwo im Nirgendwo auf einem einsamen Campingplatz nahe der Kalahari-Wüste hatte ich ein halbes Dutzend Äpfel übrig, die an diesem Morgen unbedingt gegessen werden mussten. Der Grund? An vielen afrikanischen Grenzübergängen wird einem sämtliches Obst abgenommen (um die Verbreitung von Fruchtfliegen zu vermeiden, so wurde mir gesagt). Wegwerfen wollte ich die Äpfel auf keinen Fall – sechs Äpfel konnten wir aber auf einen Schlag auch nicht so einfach verdrücken. Und so wurde der Breakfast Apple Crisp geboren ...

ZUTATEN FÜR 2 PERSONEN

2–3 Äpfel (6 wären dann vielleicht doch ein paar zu viel ...)

1 EL Kokosöl oder pflanzliche Margarine

1 TL Zimtpulver

½ TL frisch geriebene Muskatnuss (ersatzweise bereits gemahlene Muskatnuss)

¼ Tasse brauner Zucker

2 TL Whiskey (nach Belieben)

1 Tasse Granola (Fertigprodukt; ersatzweise mein Trail Nut Mix von S. 49)

½ Tasse veganer Kokosjoghurt oder Kokosmilch

1. Die Äpfel waschen, Kerngehäuse entfernen und Äpfel in dünne Scheiben schneiden.

2. Eine (gusseiserne) Pfanne auf mittlerer Flamme (zu Hause: bei mittlerer Hitze) erwärmen und etwas Öl oder Margarine darin erhitzen. Die Apfelscheiben etwa 5 Minuten darin anbraten, dabei einmal wenden.

3. Gewürze, Zucker und nach Belieben Whiskey hinzufügen und unterrühren. Weiterbraten, bis die Äpfel weich werden (sie sollten mit einem Löffel zerteilt werden können, das dauert etwa 10 Minuten).

4. Granola in die Pfanne streuen und mit Kokosjoghurt oder Kokosmilch übergießen. Und jetzt direkt aus der Pfanne schlemmen!

Tipp: Die geschmorten Äpfel eignen sich auch hervorragend als Dessert. Und keine Angst: Der Alkohol im Whiskey verkocht – zurück bleibt ein feines Whiskeyaroma.

GUSSEISEN,

perfekt für Veganer

Das Thema Eisen kommt oft zur Sprache, wenn auf Tierprodukte verzichtet wird. Pfannen aus Gusseisen können einen erstaunlichen Beitrag zur Versorgung mit diesem wichtigen Mineralstoff leisten und einen Eisenmangel verhindern. Denn die Pfannen geben, abhängig vor allem vom Säuregehalt der Speisen und von der Garzeit, ihr Eisen an die Lebensmittel ab. Und so wird es unserem Körper mit der Nahrungsaufnahme dann zur Verfügung gestellt. Solltest du unsicher sein, wie es um deinen Eisenhaushalt steht, kannst du deinen Hämoglobinwert beim Arzt testen lassen. Falls du dir keine Pfanne aus Gusseisen zulegen möchtest (zugegeben: Die Dinger sind wirklich verdammt schwer!), denk doch mal drüber nach, dir einen sogenannten Lucky Iron Fish zu besorgen: Der kommt beim Kochen deiner Speisen mit in den Topf und gibt dann Eisen ans Essen ab. Fürs Camping lohnt sich eine Gusseisenpfanne aber allemal, da man mit ihr bedenkenlos auf offener Flamme kochen kann. Ich würde meine nie wieder hergeben!

SELBST GEBACKENES LAGERFEUER-BROT

mit Kirschtomaten und Avocado

Es geht doch nichts über das stolze Gefühl, das sich im Herzen ausbreitet, wenn man sein eigenes Brot backt. Wahrscheinlich, weil immer die leichte Angst mitschwingt, dass es am Ende anbrennen könnte – zumindest wenn man das Brot im Lagerfeuer backen lässt. Wenn wir in Afrika campen, machen wir immer nur am Abend ein Feuer, ich backe daher auch das Brot am Abend und wir genießen es dann am nächsten Morgen. Als „Backform" ist ein Feuertopf ideal – zu Hause nutze ich eine Backform.

ZUTATEN FÜR 1 LAIB BROT

2 ½ Tassen Vollkornmehl

¼ Tasse Sonnenblumenkerne

¼ Tasse Sesamsamen

¼ Tasse Leinsamen

1 EL brauner Zucker

1 TL Trockenhefe

Salz

2 TL Olivenöl

½ TL Knoblauchpulver (nach Belieben)

Außerdem

½ Avocado

3–4 Kirschtomaten

1. Ein Feuer machen und auf glühende Kohlen warten.
   Oder den Backofen auf 200 °C vorheizen.

2. Vollkornmehl, Sonnenblumenkerne, Sesamsamen, Leinsamen, Zucker, Hefe, 1 Prise Salz, Olivenöl und nach Belieben das Knoblauchpulver in eine Schüssel geben und verrühren. Langsam 1 Tasse lauwarmes Wasser hinzugeben und alle Zutaten mit den Händen zu einem homogenen Teig kneten. Teig 30 bis 60 Minuten stehen lassen.

3. Den Feuertopf (zu Hause: eine passende Backform) mit Backpapier auslegen. Den Teig auf einem Brett mit den Händen zu einem Zylinder rollen. Die Hände dabei immer wieder mit Wasser benetzen (so entstehen keine Risse im Teig). Den Teigzylinder in den Feuertopf oder in die Backform geben. Dabei etwa ein Drittel nach oben und etwas Platz an den Seiten frei lassen, der Teig geht noch auf. Mit einem Spritzer Wasser beträufeln.

4. Mit einer Zange einen Haufen rot glühender Kohlen am Rand des Feuers sammeln und ein wenig mit der Zange zerstampfen, sodass sich ein Bett aus Kohlen ergibt. Feuertopf auf den Kohlen abstellen, den Deckel aufsetzen und mit der Zange auch ein paar Kohlen auf den Deckel legen.

5. Die Backform auf ein Backblech in die Mitte des Ofens stellen.

6. Brot etwa 30 Minuten backen. Aus dem Feuer bzw. Ofen nehmen und bis zum nächsten Tag im Topf abkühlen lassen.

7. Am nächsten Morgen das Backpapier vorsichtig aus dem Topf ziehen, bis das Brot herauskommt. Ich esse das Brot am liebsten mit zerstampfter Avocado und Cocktailtomaten belegt.

OVERNIGHT OATS

mit Erdnussbutter

Wie viel Spaß ein Campingtrip macht, hängt zumeist von der richtigen Vorbereitung ab. Dazu gehört vor allem das Essen. Es kann nie schaden, ein paar Basics immer mit dabei zu haben, aus denen man zur Not etwas zaubern kann. Für ein total simples, aber nahrhaftes Frühstück unterwegs gibt es nichts Besseres als Overnight Oats aus dem Glas. Einfach über Nacht in den Kühlschrank stellen und morgens mit dem Löffel vernaschen. Das Beste an diesem Rezept ist die Haltbarkeit der Zutaten – auf meine Overnight Oats habe ich schon oft zurückgegriffen, wenn absolut keine frischen Zutaten mehr im Land Rover zur Verfügung standen. Sogar der Pflanzendrink kann gaaaaanz zur Not durch Wasser ersetzt werden.

ZUTATEN FÜR 2 PERSONEN

1½ Tassen Haferflocken

1 EL Chiasamen

Salz

1½ Tassen Pflanzendrink deiner Wahl

4 EL ungesüßte Erdnussbutter

2 EL Ahornsirup + etwas Ahornsirup zum Servieren (nach Belieben)

1 Handvoll Rosinen

1. Am Vorabend die Haferflocken, die Chiasamen und 1 Prise Salz jeweils zur Hälfte in zwei große Einweckgläser geben und mit einem Teelöffel verrühren.

2. Den Pflanzendrink dazugießen und verrühren. Die Erdnussbutter und den Ahornsirup unterrühren. Den Großteil der Rosinen untermischen, die restlichen obenauf legen.

3. Die Einweckgläser mit Deckel verschließen oder mit Folie bedecken und über Nacht in den Kühlschrank stellen.

4. Die Overnights Oats am nächsten Morgen nach Belieben noch mit einem Schuss Ahornsirup süßen und kalt genießen.

Tipp: Bei diesem einfachen Rezept kann man gern kreativ werden. Statt Rosinen können andere Trockenfrüchte verwendet werden oder, wenn der Kühlschrank Platz für mehr als nur die Notversorgung bereithält, frische Früchte wie Himbeeren oder Heidelbeeren.

Warmer

APFEL-ZIMT-PORRIDGE

Es gibt kein anderes Rezept, das ich so oft zubereite wie dieses! Die Wärme des Haferbreis erdet mich am Morgen und hält mich lange satt, oftmals bis in den Nachmittag. Für mich schmeckt Porridge vor allem aber immer nach Safari und weckt Erinnerungen. In vielen Safari-Camps wird Porridge zum Sonnenaufgang über dem Feuer zubereitet, während in der Ferne die letzte Hyäne der Nacht heult und die ersten Vögel des Tages ihre Lieder anstimmen.

ZUTATEN FÜR 2 PERSONEN

3 Tassen Haferflocken

Salz

1 TL brauner Zucker

1 EL veganes Proteinpulver mit Vanillegeschmack (nach Belieben; aus dem Reformhaus)

2 Tassen Pflanzendrink deiner Wahl

2 EL Ahornsirup

1 großer Apfel

1 TL Zimtpulver

1. Die Haferflocken, 1 Prise Salz, den Zucker und das Proteinpulver (nach Belieben) in einen Topf geben und verrühren.
2. Pflanzendrink, 1 Tasse Wasser und 1 EL Ahornsirup unterrühren.
3. Auf kleiner Flamme (zu Hause: bei schwacher Hitze) aufkochen, bis sich ein dickflüssiger Brei ergibt. Das dauert 10 bis 15 Minuten. Vor allem gegen Ende den Brei kontinuierlich mit einem Holzlöffel umrühren, damit nichts am Boden anbrennt.
4. Den Apfel waschen, vierteln und entkernen. Apfelviertel in Würfel schneiden und am Ende unter den Porridge rühren.
5. Mit Zimt bestäuben und mit restlichem Ahornsirup beträufeln.

Tipp: Für die Extra-Portion Gemüse am Morgen kannst du am Ende auch noch eine geriebene Möhre unterrühren – dann schmeckt der Porridge fast wie ein Carrot Cake!

SWEET POTATO PANCAKES

„African Style"

Was macht man mit einer übrig gebliebenen Süßkartoffel? Wann immer wir auf Safari ein Lagerfeuer machen, habe ich eigentlich immer irgendein Gemüse zur Hand, das ich im Feuertopf (oder zur Not in etwas Alufolie gewickelt) backe, sobald das Feuerholz die ersten glühenden Kohlen hergibt. Meistens verwende ich Süßkartoffeln, denn die sind in Afrika zum einen günstig und stecken zum anderen voller gesunder Nährstoffe. Wenn die gebackene Süßkartoffel nicht am Abend verputzt wird, weiß ich, dass ich sie am nächsten Tag entweder zum Frühstück oder zum Lunch verwerten kann. Wie der Name verrät, eignen sich die süßen Knollen ganz wunderbar für ein süßes Frühstück.

ZUTATEN FÜR 4 MITTELGROSSE PANCAKES

1 mittelgroße Süßkartoffel

2 EL Kokosöl (Zimmertemperatur)

1½ Tassen Vollkornmehl

2 EL brauner Zucker

1 TL Backpulver

1 TL Zimtpulver

2 TL Leinsamen

frisch geriebene Muskatnuss (nach Belieben; ersatzweise bereits gemahlene Muskatnuss)

Salz

1½ Tassen Pflanzendrink deiner Wahl

2 TL Apfelessig

½ TL Vanilleextrakt

2 EL Ahornsirup

1 Handvoll Beeren deiner Wahl

1. Am Vorabend die Süßkartoffel schälen und in grobe Würfel schneiden. Würfel in den Feuertopf geben, mit etwas Kokosöl beträufeln und den Deckel auflegen. Mit einer Zange einen Haufen rot glühender Kohlen am Rand des Feuers sammeln und ein wenig mit der Zange zerstampfen, sodass sich ein Bett aus Kohlen ergibt. Feuertopf auf den Kohlen abstellen, den Deckel aufsetzen und mit der Zange auch ein paar Kohlen auf den Deckel legen. Feuertopf etwa 40 Minuten auf den Kohlen lassen und dann die Süßkartoffel über Nacht im Kühlschrank aufbewahren.

2. Oder den Backofen auf 180 °C vorheizen (am Tag der Zubereitung oder am Vorabend). Die Süßkartoffel schälen und in grobe Würfel schneiden. Auf ein mit Backpapier ausgelegtes Backblech geben und mit etwas Kokosöl beträufeln. Im Ofen auf der mittleren Schiene etwa 45 Minuten backen.

3. In einer großen Schüssel alle trockenen Zutaten sowie je 1 Prise Muskatnuss und Salz vermischen. In einer kleineren Schale Pflanzendrink, Essig und Vanilleextrakt verrühren und mit einem Holzkochlöffel unter die trockenen Zutaten mischen.

4. Die Süßkartoffel mit einer Gabel zerstampfen und unter den Teig rühren.

5. Eine (gusseiserne) Pfanne bei mittlerer Flamme (zu Hause: bei mittlerer Temperatur) erhitzen und etwas Kokosöl darin zerlassen. Pro Pfannkuchen jeweils ein Viertel des Teigs in die Pfanne geben und zu einem Pancake braten. Wenden, sobald die Oberfläche des Teigs Bläschen formt und die Unterseite goldbraun ist.

6. Süßkartoffel-Pancakes auf Tellern anrichten und mit Ahornsirup und Beeren garnieren.

Wir müssen uns wieder
daran erinnern, dass wir
ein Teil der Natur sind.

Sweet

APPLE PIE BREAD

Die meisten Frühstücksgerichte bereite ich auf Safari bereits am Vorabend zu oder vor. Dafür gibt es zwei Gründe: 1. Wir machen nur einmal am Tag, am Abend, ein Feuer. 2. Am Morgen fehlt auf Safari meist einfach die Zeit. Allzu oft kommt es vor, dass in den frühen Morgenstunden draußen in der Wildnis ein Löwe brüllt und dann müssen ganz fix alle Sachen zusammengepackt werden. Gefrühstückt wird bei uns oft im Auto, während der ersten Tiersichtung des Morgens. Schon oft haben wir dieses Apfelbrot zum Sonnenaufgang in der Fahrerkabine unseres Land Rovers verspeist, während neben dem Wagen ein Rudel Löwen oder eine Herde Elefanten stand.

ZUTATEN FÜR 1 LAIB

1½ Tassen pflanzliche Margarine (Zimmertemperatur)

½ Tasse Ahornsirup

½ Tasse Apfelmus

1 TL Vanilleextrakt

2 Tassen Vollkornmehl

1 TL Backpulver

1 TL Natron

2 TL Zimtpulver

Salz

¼ Tasse Pflanzendrink deiner Wahl

2 große Äpfel

Kokosöl zum Einfetten des Feuertopfs bzw. der Kastenform

vegane Butter (nach Belieben)

1. Am Vorabend ein Feuer machen und auf glühende Kohlen warten.
   Oder ebenfalls am Vorabend Backofen auf 180 °C vorheizen.

2. Die Margarine und den Ahornsirup in einer großen Schüssel mischen. Das Apfelmus und den Vanilleextrakt untermischen. Vollkornmehl, Backpulver, Natron, Zimt und 1 TL Salz grob unterrühren. Während des Umrührens den Pflanzendrink dazugießen und verrühren.

3. Die Äpfel waschen, vierteln und entkernen. Apfelviertel in mittelgroße Stücke schneiden und ebenfalls untermischen.

4. Den Feuertopf mit etwas Kokosöl einstreichen oder mit Backpapier auslegen. Den Teig in den Topf gießen und den Deckel aufsetzen. Mit einer Zange einen Haufen rot glühender Kohlen am Rand des Feuers sammeln und ein wenig mit der Zange zerstampfen, sodass sich ein Bett aus Kohlen ergibt. Feuertopf auf den Kohlen abstellen, den Deckel aufsetzen und mit der Zange auch ein paar Kohlen auf den Deckel legen. Das Brot etwa 30 Minuten backen (das Brot ist fertig, wenn ein Zahnstocher hineingesteckt und rausgezogen werden kann, ohne dass Teig daran festklebt).

5. Eine Kastenform mit Kokosöl einreiben. Den Teig in die Form geben und im Ofen auf der mittleren Schiene 35 bis 40 Minuten backen (auch hier die Stäbchenprobe mit einem Zahnstocher machen).

6. Apple Pie Bread im Feuertopf bzw. in der Form abkühlen lassen und am nächsten Morgen herausnehmen. In Scheiben schneiden und entweder pur verspeisen oder mit etwas Butter bestreichen.

Veganes

BAUERNFRÜHSTÜCK

Beim Campen schmeckt Essen direkt aus der Pfanne einfach am besten. Und falls ihr doch mal in der Früh ein Feuer macht – nichts weckt die Lagerfeuer-Romantik so sehr wie ein Bauernfrühstück mit zwei Gabeln und einer guten Tasse Kaffee am Morgen. Das Allerbeste: Man hat weniger Geschirr abzuwaschen! Hier kommt meine vegane Variante des klassischen Bauernfrühstücks. Den Knoblauch kann man natürlich auch gern weglassen.

ZUTATEN FÜR 2 PERSONEN

4–5 kleine festkochende Kartoffeln

1 EL Avocadoöl

300 g Seidentofu

1 TL Kurkumapulver

1 EL Haferflocken

Salz

Pfeffer

½ TL mittelscharfer Senf

¼ Zwiebel

1 kleine Knoblauchzehe

2 Champignons

1 Handvoll veganer Pizzakäse (nach Belieben)

3–4 Kirschtomaten

1 Handvoll Rucola

1 Handvoll Schnittlauch

1–2 Gewürzgurken

1. Kartoffeln schälen, in Würfel schneiden und in einer (gusseisernen) Pfanne bei mittlerer Flamme (zu Hause: bei mittlerer Hitze) in dem Avocadoöl anbraten. Dabei gelegentlich wenden, bis sie goldbraun sind und mit einer Gabel zerteilt werden können.

2. Während die Kartoffeln braten, Seidentofu, Kurkuma, Haferflocken, je 1 Prise Salz und Pfeffer sowie Senf in eine Schüssel geben und mit einer Gabel mixen (alternativ kann man zu Hause auch einen Mixer auf niedrigster Stufe verwenden).

3. Die Zwiebel und den Knoblauch schälen, in feine Würfel schneiden und zu den Kartoffeln in die Pfanne geben, sobald diese gar sind. Champignons in Scheiben schneiden und ebenfalls dazugeben.

4. Die Pfanne auf die niedrigste Flamme stellen (zu Hause: schwache Hitze), den Tofu-Mix hineingießen und die Kartoffeln mit einer Gabel ein wenig hin- und herrücken, sodass sie komplett von dem Tofu-Mix umgeben sind. Den Deckel auflegen und alles 15 bis 20 Minuten backen. Zwischendurch mit einer Gabel überprüfen, ob der Tofu-Mix fest wird und an den Kartoffeln anhaftet. Nach Belieben den veganen Käse hinzugeben.

5. Tomaten waschen und vierteln, Rucola und Schnittlauch waschen und trocken schütteln. Schnittlauch und Gewürzgurken klein schneiden. Das Bauernfrühstück mit Tomaten, Rucola, Schnittlauch und Gurken garnieren und direkt aus der Pfanne essen.

MINI-GNOCCHI
TO GO

Safari-
SNACKS & -SWEETS

Für den Fall, dass es unterwegs auf Safari länger dauert als geplant, habe ich immer einen kleinen Snack mit dabei – mal salzig, mal süß, aber immer fix gemacht!

Glutenfreie Coconut Lemon Balls

ZUTATEN FÜR 10–12 BÄLLE

250 g Mandelmehl, 3 EL Chiasamen, 50 g Kokosraspel, 1 EL Ahornsirup, 1 EL Kokosöl, ½ TL Vanilleextrakt und den **Saft von 1 Zitrone** in einer Schale verrühren. Den Teig mit den Händen zu kleinen Bällen formen. **3 EL Kokosraspel** in eine Schale geben und die Bälle darin rollen. Bälle mindestens 30 Minuten kühlen, bevor sie verzehrt werden.

Mini-Gnocchi to go

ZUTATEN FÜR 1 SCHALE

1 TL Olivenöl in einer Pfanne auf mittlerer Flamme (zu Hause: bei mittlerer Temperatur) erhitzen und **1 Packung Mini-Gnocchi** darin 5 bis 8 Minuten goldbraun braten. Nach Belieben am Ende **1 Handvoll grob gehackte Walnüsse** dazugeben und kurz rösten. Gnocchi mit **je 1 Prise Salz** und **getrockneter italienischer Kräutermischung** würzen. Entweder direkt genießen oder in einer luftdichten Schale aufbewahrt mitnehmen.

Mini Cinnamon Pancakes

ZUTATEN FÜR 15–20 STÜCK

½ Tasse Pflanzendrink, 150 g (glutenfreies) Mehl, 1 TL Backpulver, 1 Prise Salz, 1 TL Zimtpulver und nach Belieben **1 TL braunen Zucker** verrühren. **1 EL Kokosöl** oder **pflanzliche Margarine** in einer Pfanne erhitzen. Teig esslöffelweise versetzt in die Pfanne geben und zu Mini-Pancakes backen, dabei einmal wenden. In ein Einweckglas geben und unterwegs verputzen.

COCONUT LEMON BALLS

MINI CINNAMON PANCAKES

Ein gesunder Snack
für den kleinen Hunger
zwischendurch!

Trail Nut Mix mit Kakao-Mandeln

ZUTATEN FÜR 1 TÜTE

2 bis 3 EL Kakaopulver in eine kleine Schale geben und **1 Handvoll geröstete Mandeln** darin rollen. Dann mit **1 Handvoll Kürbiskernen, 1 Handvoll Cashewkernen, 2 bis 3 EL Mandelsplittern** und **1 Handvoll getrockneten Cranberrys** in eine Tüte oder einen luftdichten Container geben und einmal kurz schütteln.

Superschnelle

BREAKFAST BROWNIES

Dieses Brownie-Rezept habe ich schon gebacken, als ich noch Eier gegessen habe. Darum freut es mich, berichten zu können, dass die vegane Variante ganz genauso gut schmeckt (wenn nicht gar besser). Generell ersetze ich Ei immer mit einem Gemisch aus Chia- oder Leinsamen mit Wasser. Für die Brownies verwende ich beide Samensorten, aber keine Sorge: Sollte eine von beiden mal nicht zur Hand sein, geht es auch nur mit einer.

ZUTATEN FÜR 1 OFENFESTE PFANNE ODER 1 KLEINES BLECH

1 große Avocado

1 EL Chiasamen

1 EL Leinsamen

¼ Tasse brauner Zucker

¼ Tasse Ahornsirup

3 EL Kokosöl oder pflanzliche Margarine

1 TL Vanilleextrakt

½ Tasse ungesüßtes Kakaopulver

½ Tasse Mandelmehl

1 TL Espressopulver (nach Belieben)

1 TL Backpulver

1 Prise Salz

1 Handvoll Zartbitter-Schokodrops

Kokosmilch oder veganer Kokosjoghurt (nach Belieben)

1. Ein Feuer machen und auf glühende Kohlen warten. Oder den Backofen auf 175 °C vorheizen.

2. Die Avocado halbieren und den Stein entfernen. Die Hälften schälen und das Fruchtfleisch zerdrücken. Mit den restlichen Zutaten für den Brownie-Teig und ¼ Tasse Wasser in eine Schale geben und vermischen. 10 Minuten stehen lassen.

3. Eine (gusseiserne) Pfanne mit Backpapier auslegen (oder die Pfanne mit etwas Kokosöl einfetten), Brownie-Teig mit einem Holzkochlöffel gleichmäßig in der Pfanne verteilen, Deckel auflegen und etwa 30 Minuten auf glühende Kohlen stellen. Nach etwa 20 Minuten einmal checken, ob die Oberfläche der Brownies bereits hart wird – dann schon eher vom Feuer nehmen.

4. Ein kleines Backblech mit Backpapier auslegen. Brownie-Teig mit einem Holzkochlöffel auf dem Blech verteilen (ungefähr so dick wie dein kleiner Finger) und im Ofen auf der mittleren Schiene etwa 25 Minuten backen.

5. Brownie-Kuchen abkühlen lassen, in viereckige Stücke schneiden und sofort – nach Belieben mit etwas Kokosmilch oder -joghurt in einer Schale (oder direkt in der Pfanne) – anrichten oder bis zum Vernaschen im Kühlschrank aufbewahren.

Campfire

ORANGE CAKES

Diese Schokoküchlein der besonderen Art machen Spaß und sind bestimmt auch für Kinder eine spannende Art, Frühstück zu machen. Für die Füllung verwende ich meinen Brownie-Teig von S. 50 (bis auf Espressopulver und Schokodrops). In der Frucht gebacken, bekommt der Schokokuchen eine herrliche Orangennote und eignet sich auch hervorragend als Dessert.

ZUTATEN FÜR 4 ORANGE CAKES

4 Orangen

1 große Avocado

1 EL Chiasamen

1 EL Leinsamen

¼ Tasse brauner Zucker

¼ Tasse Ahornsirup

3 EL Kokosöl oder pflanzliche Margarine

1 TL Vanilleextrakt

½ Tasse ungesüßtes Kakaopulver

½ Tasse Mandelmehl

1 TL Backpulver

1 Prise Salz

1. Am Vortag die Orangen halbieren und das Fruchtfleisch entfernen (und am besten direkt essen).

2. Die Avocado halbieren und den Stein entfernen. Die Hälften schälen und das Fruchtfleisch zerdrücken. Mit den restlichen Zutaten für den Brownie-Teig und ¼ Tasse Wasser in eine Schale geben und vermischen. 10 Minuten stehen lassen.

3. Den Brownie-Teig in die unteren Orangenhälften geben (etwa ¼ frei lassen, der Teig geht noch auf) und die oberen Orangenhälften wie einen Deckel aufsetzen. Die Orangen nebeneinander im Feuertopf platzieren (oder in Alufolie wickeln).

4. Einen Haufen Kohlen neben dem Feuer sammeln und kurz abkühlen lassen (falls die Orange Cakes in Alufolie gewickelt sind, bitte nicht direkt auf die brennend heißen Kohlen stellen), den Feuertopf auf den Boden stellen und mit Kohlen umlagern und mit der Zange auch ein paar Kohlen auf den Deckel legen, etwa 30 bis 40 Minuten backen.

5. Oder den Backofen auf 175 °C vorheizen. Orange Cakes aufrecht in ein tiefes Backblech stellen und im Ofen auf der mittleren Schiene 30 bis 40 Minuten backen.

6. Nach Ablauf der Zeit eine Orange testen, indem der Deckel vorsichtig angehoben wird. Keine Sorge, falls der Teig etwas an der Seite herausquillt. Die Kuchen sind fertig, wenn ein Zahnstocher hineingesteckt und rausgezogen werden kann, ohne dass Teig daran festklebt.

7. Orangen über Nacht abkühlen lassen. Am Morgen mit einem Messer die Orangenschale aufschneiden und die Cakes vorsichtig herausnehmen. Und dann wie einen Muffin verputzen!

No Bake

BREAKFAST COOKIES

Diese Cookies essen wir andauernd auf Safari. Meistens nicht als Hauptfrühstück, sondern vielmehr zum zweiten Kaffee am Morgen, für den wir oft irgendwo an einem Wasserloch stoppen, wenn die Sonne so langsam heiß auf die Erde brennt und die Tiere zum Trinken lockt. Besonders beliebt sind die Kekse bei mir wegen ihrer blitzschnellen Zubereitung. Ganz nebenbei stecken sie voller Proteine, schmecken einfach köstlich und können bis zu zwei Wochen im Kühlschrank aufbewahrt werden (nicht, dass sie bei uns jemals so lange gehalten hätten ...).

ZUTATEN FÜR 8 COOKIES

¾ Tasse ungesüßte Erdnussbutter

1 EL Ahornsirup

1 TL Vanilleextrakt

2 TL Chiasamen

¾ Tasse Haferflocken

1. Erdnussbutter, Ahornsirup und Vanilleextrakt in einen Topf geben, auf mittlerer Flamme (zu Hause: bei mittlerer Temperatur) kurz erhitzen und verrühren, sobald die Erdnussbutter geschmolzen ist (diesen Schritt kann man zur Not auch überspringen, aber die Erdnussbutter lässt sich im geschmolzenen Zustand viel einfacher verarbeiten).

2. Chiasamen und Haferflocken hinzufügen und unterrühren.

3. Aus dem Teig 8 Bällchen formen und auf einen mit Backpapier ausgelegten Teller (oder ein Blech, Holzbrett – was gerade zur Hand ist) legen, mit dem Handballen flach drücken und mindestens 1 Stunde in den Kühlschrank stellen.

Tipp: Chiasamen eignen sich super für den ersten Safari-Snack am Morgen, weil sie sehr lange satt halten. Für noch mehr Energie kann man den Cookies ein paar gewürfelte Trockenfrüchte untermischen oder sie mit ein paar Apfel- oder Bananenscheiben belegen.

Pflanzen- oder Fleischfresser –
im Gegensatz zu den Tieren haben wir
die Wahl.

LAUWARMER CHIA-PUDDING

im Glas

Hat hier jemand „Dessert zum Frühstück“ gesagt? Dafür bin ich ja immer gern zu haben. Das Tolle an meinem Chia-Pudding ist, dass er voller gesunder Zutaten steckt, also braucht sich hier auch keiner schuldig zu fühlen, wenn es so eine Schlemmerei schon zum Frühstück gibt. Der Pudding schmeckt übrigens auch mit anderem Obst wie Himbeeen, Heidelbeeren, Banane oder Apfel, aber auch getrockneten Früchten wie Cranberrys.

ZUTATEN FÜR 2 PERSONEN

¼ Tasse Chiasamen

¼ Tasse Haferflocken

½ TL Vanilleextrakt

1 Tasse Pflanzendrink deiner Wahl

1 EL Kokosöl

4–6 Erdbeeren

¼ Tasse veganer Kokosjoghurt

1 TL Ahornsirup

1 TL Zimtpulver

1. Chiasamen, Haferflocken, Vanille und Pflanzendrink in eine Schale geben und verrühren. Mindestens 10 Minuten quellen lassen.
2. Das Kokosöl in einem kleinen Topf erhitzen und den Chia-Mix darin kurz erwärmen.
3. Die Erdbeeren waschen, putzen und in Stücke schneiden.
4. Chia-Haferflocken-Pudding gleichmäßig auf zwei große Einweckgläser (siehe Tipp; oder Tassen, normale Gläser oder Schalen) verteilen, mit den Erdbeeren und dem Kokosjoghurt bedecken.
5. Mit einem Schuss Ahornsirup garnieren und mit Zimt bestäuben.

Tipp: Einweckgläser musst du nicht extra kaufen – einfach alte Lebensmittelgläser mit Deckel gründlich auswaschen und aufheben. Um weniger Plastik zu verwenden, habe ich es mir angewöhnt, im Supermarkt darauf zu achten, Produkte immer im Glas zu kaufen, wenn mir diese Alternative angeboten wird.

GEFÜLLTE SÜSSKARTOFFELN

mit Pekannüssen

Also, DIESE Süßkartoffel war ja eigentlich ursprünglich fürs Mittagessen eingeplant. Aber als ich eines Morgens alle Zutaten für meinen Buchweizen-Porridge von S. 62 beisammen hatte – bis auf den Buchweizen –, musste ein neuer Plan her. Seitdem esse ich süß gefüllte Süßkartoffel total gerne zum Frühstück, in allen mögliche Varianten. Probier z. B. auch mal folgende Füllungen aus: Himbeeren, Erdnussbutter und ein Schuss Ahornsirup oder Apfel und Zimt.

ZUTATEN FÜR 2 PERSONEN

2 mittelgroße Süßkartoffeln

etwas flüssiges Kokosöl

2 EL Ahornsirup

2 EL Nussbutter nach Wahl (ich verwende Mandelnussbutter)

2 EL Pekannüsse (gehackt)

4 EL Heidelbeeren (gewaschen)

2 TL Chiasamen

1. Süßkartoffeln am Vorabend in den Feuertopf legen, mit Kokosöl bestreichen und dann den Deckel auflegen. Mit einer Zange einen Haufen rot glühender Kohlen am Rand des Feuers sammeln und ein wenig mit der Zange zerstampfen, sodass sich ein Bett aus Kohlen ergibt. Feuertopf auf den Kohlen abstellen, den Deckel aufsetzen und mit der Zange auch ein paar Kohlen auf den Deckel legen. Kartoffeln etwa 40 Minuten backen, dann über Nacht abkühlen lassen.

2. Oder am Vorabend den Backofen auf 200 °C vorheizen. Süßkartoffeln auf ein mit Backpapier ausgelegtes Backblech legen und mit Kokosöl bestreichen. Im Ofen auf der mittleren Schiene etwa 45 Minuten backen. Herausnehmen und abkühlen lassen.

3. Am nächsten Morgen Süßkartoffeln auf einen Teller legen, in der Mitte aufschneiden und das Süßkartoffel-„Fleisch" mit einer Gabel zerstampfen. Optional: die Kartoffeln kurz aufwärmen.

4. Süßkartoffeln mit Ahornsirup und Nussbutter beträufeln und mit Pekannüssen, Heidelbeeren und Chiasamen bestreuen. Und jetzt loslöffeln – die Schale kann man übrigens mitessen.

Beeriger

BUCHWEIZEN-PORRIDGE

Wenn ich morgens mehr Zeit habe, dann mache ich meinen Porridge am liebsten mit Buchweizen. Die Zubereitung dauert etwas länger, aber dafür ist Buchweizen glutenfrei (ja, man glaubt es kaum – bei dem Namen!) und bekommt meinem Magen einfach richtig gut. Weil ich es tatsächlich so oft esse, koche ich meist für die Woche vor und erwärme jeweils eine Portion am Morgen. Die Beeren für dieses Rezept können auch gefroren sein, wenn zu Hause gekocht wird. Dann einfach am Morgen in einen Saucentopf geben und bei schwacher Hitze auftauen lassen.

ZUTATEN FÜR 2 PERSONEN

1 Tasse Buchweizen (am besten bio)

½ Tasse Pflanzendrink deiner Wahl

1 EL Chiasamen (nach Belieben)

1 EL veganes Protein-Pulver (Vanille; nach Belieben)

2 TL Zimtpulver

1 TL Vanilleextrakt

2 EL Ahornsirup oder brauner Zucker

Salz

1 Handvoll Beeren deiner Wahl

1. Buchweizen und 2 Tassen Wasser in einen Topf geben und auf mittlerer Flamme (zu Hause: bei mittlerer Hitze) etwa 30 Minuten kochen lassen, bis das Wasser komplett aufgesogen wurde (gelegentlich umrühren, damit nichts anbrennt).

2. Pflanzendrink, nach Belieben Chiasamen und Proteinpulver, 1 TL Zimt, Vanilleextrakt, 1 EL Ahornsirup oder braunen Zucker sowie 1 Prise Salz unterrühren.

3. Alles weitere 5 Minuten köcheln lassen. Beeren verlesen und waschen.

4. Porridge von der Flamme (zu Hause: vom Herd) nehmen und auf zwei Schalen verteilen. Mit den Beeren, dem restlichen Zimt und dem übrigen Ahornsirup oder Zucker garnieren.

Tipp: Ich verwende gern einen Mix aus verschiedenen Beeren, z. B. Heidelbeeren und Himbeeren. Noch sättigender wird der Porridge mit einem Extra-Topping aus Mandeln und Nussbutter.

MITTAGS

GRÜNER RISOTTO

„Country Style"

Ein supereinfaches Gericht, das sich nach Belieben abwandeln lässt. Ich habe das Rezept z. B. auch schon mit Spinat, Grünkohl, Pilzen oder Kirschtomaten gekocht. Oder ich nehme statt Risottoreis pur einen Risotto-Mix mit Pilzen. Wer mag, kann außerdem kurz vor dem Servieren noch etwas selbst gemachten veganen Parmesan unterrühren.

ZUTATEN FÜR 2 PERSONEN

4–6 Stangen grüner Spargel

1 EL Olivenöl

1 kleine Möhre

½ Zwiebel

1 kleine Knoblauchzehe (nach Belieben)

1½ Tassen Risottoreis

1 EL Weißweinessig

Saft von 1 Zitrone

½ l Gemüsebrühe (am besten selbst gemacht; siehe S. 153)

1 Handvoll Erbsen (tiefgekühlt oder frisch)

Pfeffer

1 Prise getrockneter Oregano

1 Frühlingszwiebel (nach Belieben)

1 Handvoll Mandeln

etwas veganer Parmesan (nach Belieben; siehe S. 102)

1. Spargel waschen, im unteren Drittel schälen und in Stücke schneiden. In wenig Olivenöl in einer Pfanne auf mittlerer Flamme (zu Hause: bei mittlerer Hitze) etwa 5 Minuten rundum braten, dann zur Seite stellen. Die Möhre putzen, schälen und raspeln. Die Zwiebel und nach Belieben den Knoblauch schälen und in feine Würfel schneiden.

2. Die Zwiebelwürfel im restlichen Olivenöl in der Pfanne auf mittlerer Flamme (zu Hause: bei mittlerer Hitze) anbraten, bis sie glasig sind. Risottoreis hinzufügen und verrühren, bis alle Reiskörner mit Öl bedeckt sind.

3. Jetzt optional den Knoblauch dazugeben und kurz anbraten. Mit Essig und Zitronensaft ablöschen.

4. Unter regelmäßigem Rühren ½ l Wasser und die Brühe nach und nach dazugießen und einköcheln lassen, bis sie aufgebraucht sind (das dauert etwa 20 Minuten). Rühren nicht vergessen, sonst brennt der Reis am Boden an. Es sollte eine cremige Masse entstehen.

5. Wenn der Reis bissfest gegart ist, Spargel, Möhre und Erbsen hinzufügen und kurz unterrühren. Mit Pfeffer und Oregano würzen (Salz ist nicht nötig, da die Gemüsebrühe hier schon ihr Übriges getan hat.)

6. Nach Belieben Frühlingszwiebel putzen, waschen und in feine Ringe schneiden. Mandeln hacken. Den Risotto in Schalen anrichten, mit Frühlingszwiebelringen und Mandeln garnieren und nach Belieben mit veganem Parmesan bestreuen.

Zweierlei

FALAFEL-BÄLLCHEN

Diese Falafel-Bällchen bereitest du am besten zu Hause vor und verstaust sie für die Reise in einer luftdichten Box im Kühlschrank. Ich mache gerne zwei unterschiedliche Varianten: einmal das Original mit Kichererbsen und Petersilie und einmal die etwas farbenfrohere Variante mit Roter Bete und schwarzen Bohnen. Normalerweise macht man Falafeln mit frischem Koriander – ich bin leider kein Korianderfan, darum verwende ich Petersilie.

ZUTATEN FÜR 2 PERSONEN

Für die originalen Falafeln

2 große Knoblauchzehen

1 Dose Kichererbsen (ca. 240 g Abtropfgewicht)

1 Handvoll Petersilien- oder Korianderblätter

1 TL Mehl

1 TL gemahlener Kreuzkümmel

Salz

Pfeffer

Dazu für die Rote-Bete-Falafeln

100 g schwarze Bohnen (aus der Dose)

1 Rote Bete

Außerdem

1 EL Avocadoöl (oder jedes andere Öl, das sich zum Braten eignet)

2 TL veganer Naturjoghurt

einige Eisberg-Salatblätter

2–4 Pitabrote (oder selbst gemachtes Chapati; siehe S. 153)

1. Für die originalen Falafeln den Knoblauch schälen und in feine Würfel schneiden. Kichererbsen in ein Sieb abgießen, dabei etwas Flüssigkeit auffangen. Für die Rote-Bete-Falafeln die Bohnen abgießen. Die Rote Bete ggf. schälen und in Würfel schneiden.

2. Knoblauch, Kichererbsen und 2 TL Kichererbsenflüssigkeit mit den restlichen Zutaten in den Mixer geben und bei mittlerer Stufe mixen, bis sich eine cremige Masse ergibt. Falls das Ergebnis zu trocken ist, etwas mehr Kichererbsenflüssigkeit oder Wasser hinzufügen. Die Masse sollte jedoch nicht zu flüssig sein!

3. Die Hälfte der Masse in eine Schale geben. Zu der restlichen Masse im Mixer die schwarzen Bohnen und die Rote Bete hinzufügen und bei mittlerer Stufe mixen.

4. Aus beiden Massen Bällchen formen und mit einer Gabel leicht flach drücken.

5. Avocadoöl in einer Pfanne auf mittlerer Flamme (zu Hause: bei mittlerer Temperatur) erhitzen und die Falafeln darin von allen Seiten goldbraun braten (Vorsicht beim Wenden, die Bällchen brechen recht leicht).

6. Fertige Bällchen auf Küchenpapier legen, damit das überschüssige Fett abtropft. Falafeln mit veganem Joghurt beträufeln und mit den Salatblättern in Pitabrot oder Chapati-Brot wickeln.

BLUMENKOHL-SHAWARMA

mit Limetten-Tahini-Sauce

Shawarma ist im Original ein würziges arabisches Fleischgericht und wird oft als Streetfood angeboten. Auf meine Variante mit Blumenkohl und Kichererbsen bin ich besonders stolz, denn die Gewürzmischung dafür habe ich selbst erfunden! Sie schmeckt so lecker, dass ich sie mittlerweile für alles Mögliche verwende.

ZUTATEN FÜR 2 PERSONEN

Für das Shawarma

½ Blumenkohl

150 g Kichererbsen (aus der Dose)

150 g Hokkaidokürbis (nach Belieben)

1 Knoblauchzehe

2 EL Olivenöl

Saft von 1 Zitrone

1 EL Ahornsirup

1 TL Paprikapulver (edelsüß)

1 TL Kurkumapulver

1 EL helle Sesamsamen

Für die Sauce

½ Tasse Tahini (Sesampaste)

Saft von 1–2 Limetten

Außerdem

4 Pitabrote (oder selbst gemachtes Chapati; siehe S. 153)

4 Eisberg-Salatblätter

einige Gurkenscheiben

einige Avocadoscheiben

1. Ein Feuer machen und auf glühende Kohlen warten. Oder den Backofen auf 180 °C vorheizen.

2. Für das Shawarma den Blumenkohl in die einzelnen Röschen teilen, waschen und grob hacken. Die Kichererbsen in ein Sieb abgießen. Nach Belieben den Kürbis in Stücke schneiden. Den Knoblauch schälen und in feine Würfel schneiden.

3. Knoblauch, Olivenöl, Zitronensaft, Ahornsirup, Paprikapulver, Kurkuma und Sesam in einer ausreichend großen Schale vermischen, dann die Blumenkohlstücke, Kichererbsen und Kürbisstücke hinzufügen.

4. Gemüse-Mix in den Feuertopf geben (oder in Alufolie wickeln) und auf ein paar glühende Kohlen setzen. Das Shawarma 15 bis 20 Minuten backen.

5. Gemüse-Mix auf ein Backblech geben und im Ofen auf der mittleren Schiene 20 bis 25 Minuten backen.

6. Für die Sauce die Tahini-Paste nach und nach mit Limettensaft mixen, zwischendurch abschmecken – Tahini kann pur etwas bitter schmecken, der Limettensaft schafft hier Abhilfe.

7. Pitabrote oder Chapati kurz über dem Feuer oder im Ofen aufwärmen, Pitabrote waagerecht aufschneiden. Mit der Limetten-Tahini-Sauce bestreichen, mit dem Blumenkohl-Shawarma und den restlichen Zutaten belegen und zusammenklappen.

VEGANER PILZ-BURGER

mit Walnüssen

In Deutschland erscheint es wahrscheinlich völlig unnötig, vegane Pattys selbst zu machen – kann man dort doch einfach in den Supermarkt gehen und sich bei den fertigen fleischfreien Buletten aus dem Kühlfach bedienen. Doch unterwegs in Afrika gibt es diesen Luxus nicht – mit ein paar wenigen Ausnahmen in den großen Städten. Und noch ein Grund spricht für die hausgemachte Variante: Man weiß, was drin ist. Denn in den meisten Fertigpattys stecken viele ungesunde Zutaten. „Vegan“ ist eben nicht immer gleichzusetzen mit „gesund“.

ZUTATEN FÜR 4 BURGER

Für die Pattys

250 g Champignons

1 mittelgroße Zwiebel

1 Knoblauchzehe

6 TL Olivenöl

Salz

50 g Walnusskerne

100 g Haferflocken

1 TL getrocknete Petersilie

1 Tasse Gemüsebrühe (am besten selbst gemacht; siehe S. 153)

Außerdem

1 rote Zwiebel

1–2 Tomaten

1 Avocado

einige Salatblätter

1 Handvoll Sprossen

4 Vollkornbrötchen

vegane Mayonnaise

1. Für die Pattys die Pilze putzen und in Würfel schneiden. Die Zwiebel und den Knoblauch schälen und in feine Würfel schneiden. In eine Pfanne 2 TL Olivenöl auf mittlerer Flamme (zu Hause: bei mittlerer Temperatur) erhitzen.

2. Champignons hinzufügen und 5 bis 6 Minuten anbraten, bis sie deutlich an Größe verloren haben. Die Zwiebelwürfel sowie je 1 TL Olivenöl und Salz hinzufügen und die Zwiebel etwa 5 Minuten glasig anbraten.

3. Den Knoblauch hinzufügen und unter ständigem Rühren etwa 1 Minute anbraten. Die Pfanne vom Feuer (Herd) nehmen.

4. Walnüsse hacken und mit Haferflocken, Salz und Petersilie in einer Schale verrühren. Die Champignon-Zwiebel-Mischung und die Brühe unterrühren und die Masse 10 Minuten ruhen lassen.

5. Aus der Masse mit angefeuchteten Händen 4 gleich große Pattys formen. Dabei darauf achten, dass diese überall die gleiche Dicke haben (an den Rändern nicht dünner werden lassen), damit die Pattys gleichmäßig durchgebraten werden.

6. Das restliche Olivenöl in der Pfanne erhitzen und die Pattys darin auf beiden Seiten etwa 5 Minuten anbraten.

7. Zum Servieren die Zwiebel schälen und in dünne Ringe schneiden. Die Tomaten waschen und in Scheiben schneiden. Die Avodao halbieren, schälen und Fruchtfleisch ebenfalls in Scheiben schneiden. Salatblätter und Sprossen waschen und trocken tupfen. Die Vollkornbrötchen aufschneiden, mit Mayo bestreichen, mit den Pattys und den restlichen Zutaten belegen.

PITA MIT VEGANEM GYROS

und Zaziki

Die gefüllten Pitabrote mache ich immer dann, wenn es schnell gehen muss. Das vegane Gyros lässt sich mit wenig Aufwand im Handumdrehen in der Pfanne braten. Das Zaziki bereite ich vor einem Trip in der Küche vor und verstaue es dann in einem Einweckglas im Kühlfach unseres Land Rovers. Du kannst es aber natürlich auch frisch machen.

ZUTATEN FÜR 2 PERSONEN

Für das Zaziki

½ kleine Salatgurke

1 Dose Kokosmilch (400 ml; vor Gebrauch nicht schütteln, siehe Tipp)

Saft von 1 Zitrone

1 TL Knoblauchpulver

Salz · Pfeffer

2 TL Weißweinessig

2 TL gehackter Dill (nach Belieben)

Für die Füllung

1 kleine Zwiebel · 1 Knoblauchzehe

250 g Champignons

je ½ rote und gelbe Paprikaschote

2 EL Olivenöl · 2 EL Sojasauce

2 EL Ahornsirup

1 TL getrockneter Oregano

Salz · Pfeffer

Außerdem

½ kleine Salatgurke

1 kleine rote Zwiebel

1 Handvoll Kirschtomaten

4–6 Romana-Salatblätter

1 Handvoll Sprossen

4–6 kleine Pitabrote

1. Für das Zaziki die Gurke schälen, halbieren und in kleine Würfel schneiden. Mit den restlichen Zutaten in einer Schale verrühren. Mindestens 1 Stunde, besser noch über Nacht kühl stellen.

2. Für die Füllung die Zwiebel und den Knoblauch schälen und in feine Würfel schneiden. Die Pilze putzen und in Scheiben schneiden. Die Paprikaschoten entkernen, waschen und in feine Streifen schneiden.

3. Das Olivenöl in einer Pfanne auf mittlerer Flamme (zu Hause: bei mittlerer Temperatur) erhitzen und die Zwiebelwürfel darin kurz anbraten. Die Champignons und die Paprika hinzufügen und unter gelegentlichem Rühren anbraten. Den Knoblauch dazugeben und etwa 1 Minute anbraten, dann Pfanne vom Feuer (Herd) nehmen.

4. Sojasauce und Ahornsirup unterrühren und das vegane Gyros mit Oregano, Salz und Pfeffer würzen.

5. Zum Servieren die Gurke und die Zwiebel schälen und in dünne Scheiben bzw. Ringe schneiden. Tomaten, Salatblätter und Sprossen waschen und trocken tupfen. Pitabrote nach Belieben kurz auf beiden Seiten rösten und aufschneiden. Mit Zaziki bestreichen, dann mit dem „Gyros“ und den restlichen Zutaten füllen.

Tipp: Für das Zaziki brauchst du die feste Kokosmasse, die sich oben abgesetzt hat. Daher die Dose vor dem Öffnen nicht schütteln. So kannst du die feste Masse mit einem Löffel abnehmen. Die restliche Kokosmilch dann entweder trinken oder z. B. am Morgen in den Porridge gießen.

KARTOFFEL-MÖHREN-STAMPF

mit Pilzsauce und Grünkohl

Als Veganerin stolpere ich immer wieder über Grünkohl als das absolute Superfood: enthält mehr Eisen als Rindfleisch, mehr Kalzium als Milch und wirkt obendrein noch entzündungshemmend. Einziges Problem: Ich mag ihn nicht. Darum mogele ich den Grünkohl gern unter, sodass ich ihn nicht schmecke, wie z.B. hier in meinem Kartoffel-Möhren-Stampf! Das Ergebnis: ein absolutes Wohlfühlgericht, das noch dazu supergesund ist.

ZUTATEN FÜR 2 PERSONEN

2 mittelgroße mehligkochende Kartoffeln

1 kleine Süßkartoffel

1 große Möhre

1 Handvoll Grünkohl

1 kleine Zwiebel

1 kleine Knoblauchzehe

2 Handvoll Champignons

2 EL Olivenöl

ca. 6 EL Pflanzendrink

2 EL Buchweizenmehl
(oder ein Mehl, das gerade zur Hand ist)

1 EL Sojasauce

1 EL Aceto balsamico

Salz

Pfeffer

1 EL pflanzliche Margarine

1. Die Kartoffeln, die Süßkartoffel und die Möhre schälen und in grobe Würfel schneiden. Alles in einem Topf mit Wasser auf hoher Flamme (zu Hause: bei starker Hitze) zum Kochen bringen und weich garen.

2. Grünkohl putzen, waschen und trocken schütteln. Die Grünkohlblätter vom Stiel zupfen und mit den Fingern etwas zerkleinern. Zwiebel und Knoblauch schälen und in feine Würfel schneiden. Champignons putzen und in Würfel schneiden.

3. Etwas Olivenöl in einer Pfanne erhitzen und den Knoblauch darin bei mittlerer Hitze braten. 2 EL Wasser hinzufügen, bevor der Knoblauch anbrennt. Den Grünkohl in die Pfanne geben und braten, bis das Wasser verkocht ist. Beiseitestellen.

4. Das restliche Olivenöl in der Pfanne erhitzen und die Zwiebel darin bei mittlerer Hitze glasig anbraten. Die Champignons dazugeben und etwa 5 Minuten braten.

5. Dann 2 EL Pflanzendrink und das Mehl hinzufügen und unter ständigem Rühren aufkochen, damit keine Klumpen entstehen. Falls die Sauce zu dickflüssig wird, einfach einen Schuss Wasser dazugeben. Die Pilzsauce mit Sojasauce und Essig verfeinern und mit Salz und Pfeffer würzen.

6. Gekochte Kartoffeln, Süßkartoffel und Möhre abgießen und in einer Schale mit einer Gabel grob zerstampfen. Restlichen Pflanzendrink und die Margarine untermischen und den Stampf mit Salz würzen.

7. Den gebratenen Grünkohl unter den Kartoffel-Möhren-Stampf mischen. Stampf mit der Pilzsauce auf Tellern anrichten.

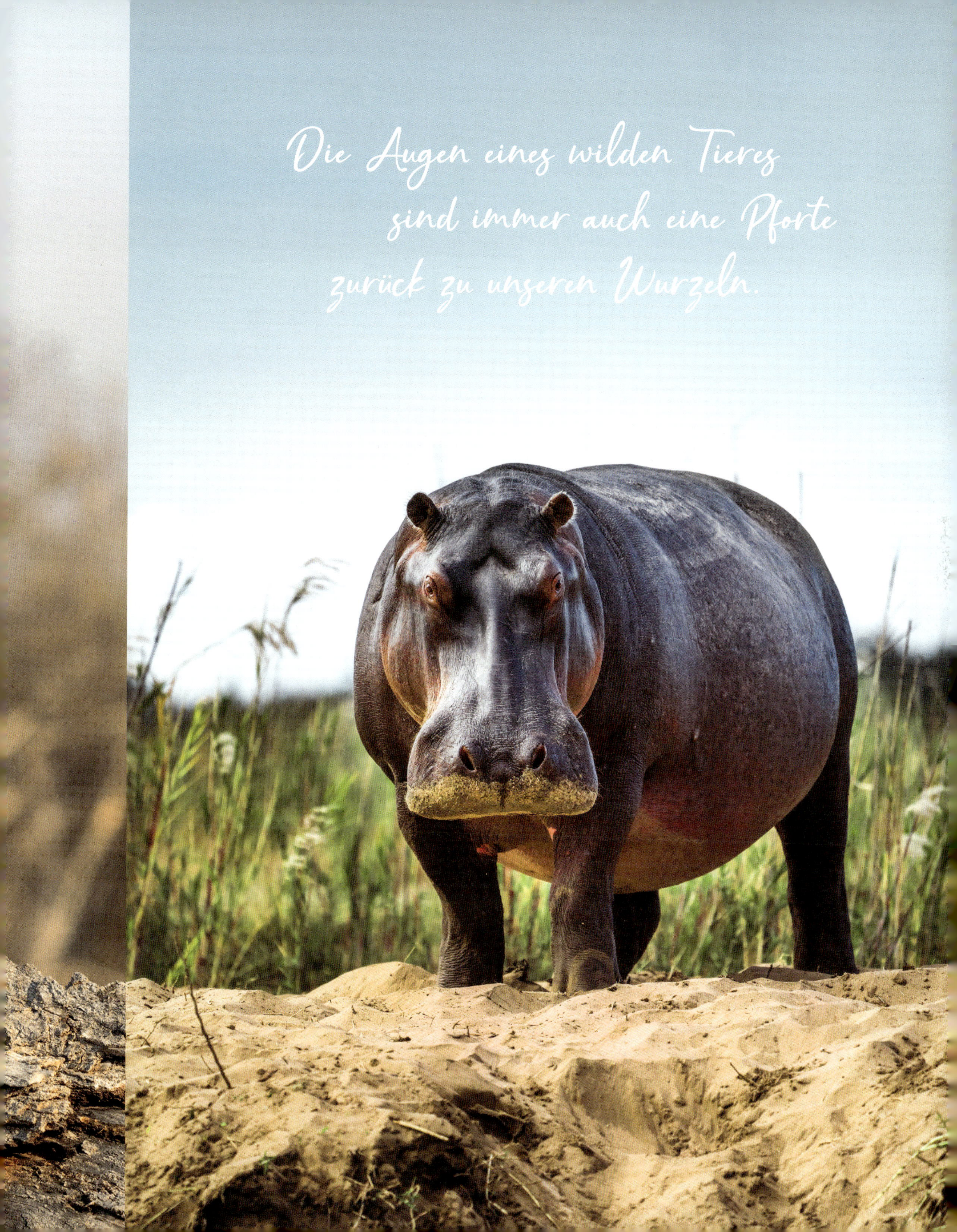
Die Augen eines wilden Tieres
sind immer auch eine Pforte
zurück zu unseren Wurzeln.

KICHERERBSEN-SALATWRAPS

mit Avocadomus

Einen ganz leichten Lunch gibt es mit meinen Salatwraps mit Kichererbsenfüllung. Wichtig: Die Kichererbsen vor dem Braten unbedingt kurz auf einem Tuch ausbreiten und trocknen lassen – dann werden sie in der Pfanne schön knusprig. Falls nach dem Essen noch welche übrig sind, kann man sie super in einer Box verstauen und zum Sundowner als Snack wieder hervorholen.

ZUTATEN FÜR 2 PERSONEN

1 Dose Kichererbsen (ca. 240 g Abtropfgewicht)

1 kleine Knoblauchzehe

1 kleine gelbe Paprikaschote

1 Frühlingszwiebel

1 Handvoll Kirschtomaten

1 Handvoll Sprossen

1 reife Avocado

Saft von 1 Limette

1–2 Romana Salatköpfe oder 1 kleiner Eisbergsalat

1 EL Avocadoöl

1 TL Paprikapulver (edelsüß)

1 TL Kurkumapulver

Salz

Pfeffer

Saucen deiner Wahl (z.B. Hummus, mexikanische Taco-Sauce, veganer Frischkäse)

1. Die Kichererbsen in ein Sieb abgießen, auf einem Küchentuch auslegen und kurz trocknen lassen. Den Knoblauch schälen und in feine Würfel schneiden.

2. Paprikaschote waschen, längs halbieren und entkernen, Hälften in Stücke schneiden. Frühlingszwiebel putzen, waschen und in feine Ringe schneiden. Tomaten waschen und in dünne Scheiben schneiden. Sprossen waschen und trocken schütteln.

3. Die Avocado halbieren und den Stein entfernen. Die Hälften schälen und mit dem Limettensaft in einer kleinen Schale zerstampfen. Den Salat in die einzelnen Blätter teilen, waschen und trocken tupfen oder schleudern.

4. Das Avocadoöl in einer Pfanne auf mittlerer Flamme (zu Hause: bei mittlerer Temperatur) erhitzen und die Kichererbsen darin 5 bis 7 Minuten braten, bis sie langsam goldbraun werden. Den Knoblauch hinzufügen und kurz anbraten. Pfanne vom Feuer (Herd) nehmen und Kichererbsen mit Paprikapulver, Kurkuma, Salz und Pfeffer würzen.

5. Salatblätter auf einem Brett oder Teller ausbreiten und mit dem Avocadomus bestreichen. Jeweils 1 Salatblatt mittig mit 1 bis 2 EL Kichererbsen, wenigen Paprikastücken, Tomatenscheiben, einigen Sprossen sowie Frühlingszwiebelringen belegen und eine Sauce deiner Wahl darüber verteilen. Salatblatt leicht aufrollen und wie einen Wrap oder Taco mit den Händen essen.

GNOCCHI

all'arrabbiata

Das perfekte Gericht für einen Campingtrip: einfache Zutaten, schnelle Zubereitung und kaum Abwasch, denn gegessen wird direkt aus der Pfanne. Anstelle von Gnocchi nehm ich auch gern mal kurze Nudeln wie Penne oder Rigatoni, dann wird daraus eine klassische One Pot Pasta. Das frische Basilikum kann durch getrocknetes ersetzt werden.

ZUTATEN FÜR 2 PERSONEN

1 Zwiebel

1 kleine Knoblauchzehe

2–3 mittelgroße Tomaten

1 EL Olivenöl

100 ml Gemüsebrühe (am besten selbst gemacht, siehe S. 153; oder Wasser)

1 Dose stückige Tomaten (400 g)

300 g Gnocchi

Salz

Pfeffer

Chiliflocken

1 Handvoll Basilikumblätter

1. Die Zwiebel und den Knoblauch schälen und in feine Würfel schneiden. Die Tomaten waschen, vierteln und den Stielansatz entfernen. Tomatenviertel in Würfel schneiden.

2. Das Olivenöl in einer Pfanne auf mittlerer Flamme (zu Hause: bei mittlerer Temperatur) erhitzen und die Zwiebel darin etwa 5 Minuten leicht glasig braten. Knoblauch und Tomaten hinzufügen und etwa 1 Minute anbraten, dann mit der Brühe ablöschen.

3. Die stückigen Tomaten unterrühren, die Gnocchi hinzufügen und alles 10 bis 15 Minuten köcheln lassen. Mit Salz, Pfeffer und 1 Prise Chiliflocken würzen und die Basilikumblätter unterrühren.

4. Die Gnocchi all'arabbiata direkt aus der Pfanne genießen.

Tipp: Alternativ kann man die Gnocchi zuerst mit etwas Öl in der Pfanne anbraten, bis sie goldbraun sind. Dann zur Seite stellen, während die Sauce zubereitet wird.

Crunchy

BLACK BEAN WRAPS

„Ist das wirklich vegan?“ – Wenn die Frage kommt, weißt du, dass du etwas richtig gemacht hast. Komischerweise denken viele, dass etwas, das so gut schmeckt, doch unmöglich vegan sein kann. Ist es aber, und ja: Diese Wraps sind wirklich verdammt lecker! Wer es gern etwas schärfer mag, kann noch ein paar Jalapeños mit reinpacken.

ZUTATEN FÜR 2 PERSONEN

1 Dose schwarze Bohnen (ca. 240 g Abtropfgewicht)

1 rote Zwiebel

1 kleine Knoblauchzehe

1 Handvoll Kirschtomaten

1 EL Olivenöl

3–4 EL vegane Mayonnaise

Saft von 1 Limette

1 TL Kurkumapulver

1 TL Paprikapulver (edelsüß)

Salz

Pfeffer

4 Weizentortillas (Fertigprodukt)

1. Die Bohnen in ein Sieb abgießen und in einer Schale mit einer Gabel grob zerstampfen. Die Zwiebel und den Knoblauch schälen und in feine Würfel schneiden. Die Tomaten waschen und in feine Würfel schneiden.

2. Das Olivenöl in einer Pfanne auf mittlerer Flamme (zu Hause: bei mittlerer Temperatur) erhitzen und die Zwiebelwürfel darin etwa 3 Minuten anbraten. Den Knoblauch hinzufügen und 1 Minute mitbraten.

3. Das Bohnenmus in die Pfanne geben und unter Rühren 5 bis 8 Minuten braten.

4. Die Mayonnaise mit Limettensaft, Kurkuma und Paprikapulver in einer Schale verrühren und mit Salz und Pfeffer würzen.

5. Die Tortillas jeweils mit etwas Mayo-Dip bestreichen, dann 2 bis 4 EL Bohnenmus darauf verteilen und ein paar Tomatenscheiben obendrauf legen.

6. Die Wraps zu Dreiecken falten und vorsichtig zurück in die Pfanne legen. Bei mittlerer Hitze auf beiden Seiten goldbraun backen.

Tipp: Dazu passt ein knackiger Blattsalat, gern auch mit Avocadospalten garniert.

FEUER MACHEN –

Trick 17

Was ist das Allerwichtigste beim Feuermachen? Aufpassen, dass es nicht außer Kontrolle gerät! Wenn du auf einem offiziellen Campingplatz übernachtest, gibt es meist vorgefertigte Feuerkreise, aus Steinen gelegt oder in Zement gegossen. Falls nicht, ist es eine gute Idee, selbst einen Steinkreis zu legen. Als Nächstes solltest du für deinen Anzünder etwas Trockenlaub oder Papiermüll sammeln sowie ein paar kleine Äste. Große Holzscheite solltest du unterwegs von einem Händler oder an der Tankstelle kaufen. In Nationalparks ist das Holzhacken verboten und auch andernorts ist es keine gute Idee, Holz zu wildern.

Um ein Feuer zu machen, das lange brennt, bauen wir eine kleine Pyramide: Deine Anzünder kommen in die Mitte, dann die kleinen Äste und schließlich die Holzscheite mit genügend Abstand zueinander, damit das Feuer auch atmen kann.

Trick 17: *Einen kleinen Startschuss kannst du deinem Feuer geben, indem du etwas Klopapier mit einem Schuss Kochöl beträufelst, zu einem kleinen Ball rollst und dann zu deinen Anzündern in die Mitte des Feuers legst. Jetzt mit einem Feuerzeug oder mit Streichhölzern das Klopapier anzünden (Achtung, das Öl macht die Flamme etwas größer als ohne). Das Laub und die kleinen Äste sollten relativ schnell Feuer fangen. Puste vorsichtig in die Flammen, damit das Feuer weiter aufsteigt, bis es schließlich die großen Holzscheite entzündet.*

Behalte dein Feuer immer im Auge und widerstehe dem Drang, es zu groß auflodern zu lassen. Das ist a) eine Verschwendung des kostbaren Holzes und b) nicht besonders sicher.

ROASTED PUMPKIN SALAD

mit Cranberrys und Mandeln

Mit diesem Rezept hole ich mir immer einen Hauch von Marokko in die wilde Natur. Den Kürbis röste ich meist schon am Vorabend in den Kohlen unseres Lagerfeuers. Außerdem mache ich immer reichlich davon, weil ich ihn dann für andere Mahlzeiten verwenden kann, z.B. für meine Rainbow Lunch Bowl von S. 96. Der geröstete Kürbis lässt sich in einer entsprechenden Box oder Dose mit Deckel gut für die nächsten Tage aufheben.

ZUTATEN FÜR 2 PERSONEN

1 mittelgroßer Kürbis

1–2 Stiele Minze

2 EL Olivenöl

Saft von 1 Zitrone

1 EL Ahornsirup

1 TL Paprikapulver (edelsüß)

1 TL Kurkumapulver

½ TL Knoblauchpulver

Salz

Pfeffer

1½ Tassen Couscous

1 Handvoll Cranberrys

1 Handvoll gehackte Mandeln

3–4 EL veganer Kokosjoghurt

1. Ein Feuer machen und auf glühende Kohlen warten.
   Oder den Backofen auf 180 °C vorheizen.

2. Den Kürbis waschen, je nach Sorte schälen, vierteln und entkernen. Kürbisviertel in Würfel schneiden. Minze waschen und trocken tupfen, die Blätter abzupfen, ein paar für die Deko beiseitelegen.

3. Olivenöl, Zitronensaft, Ahornsirup, Paprikapulver, Kurkuma, Knoblauchpulver, Salz, Pfeffer und Minzeblätter in einer großen Schale verrühren, dann die Kürbiswürfel untermischen.

4. Kürbiswürfel in den Feuertopf geben (oder in Alufolie wickeln) und auf ein paar glühende Kohlen setzen. Kürbis 15 bis 20 Minuten backen.

5. Kürbis auf ein Backblech geben und im Ofen auf der mittleren Schiene 20 bis 25 Minuten backen.

6. Inzwischen den Couscous nach Packungsanweisung zubereiten.

7. Couscous auf Teller geben und mit dem gerösteten Kürbis mischen. Mit Cranberrys und Mandeln bestreuen und ein paar Kleckse Kokosjoghurt daraufsetzen. Mit den beiseitegelegten Minzblättern bestreuen.

LEMON CAULIFLOWER PASTA

„Italian Style"

Meine leicht abgewandelte Variante des italienischen Klassikers „Spaghetti aglio e olio" – mit Blumenkohl, Zitrone und Rucola. Dadurch bekommt das Pastagericht eine schöne Frische. Du solltest dafür unbedingt Zitronen aus ökologischem Anbau verwenden, weil diese mitsamt Schale in die Pfanne kommen.

ZUTATEN FÜR 2 PERSONEN

400 g Spaghetti

Salz

¼ Blumenkohl

2 Knoblauchzehen

2 Bio-Zitronen

1 EL Olivenöl

Pfeffer

1 Handvoll Rucola oder Basilikum

1. Die Spaghetti nach Packungsanweisung in einem Topf in reichlich kochendem Salzwasser sehr bissfest garen.
2. Inzwischen den Blumenkohl in einzelne Röschen teilen, waschen und grob hacken. Den Knoblauch schälen und in feine Würfel schneiden. Die Zitronen heiß waschen, trocken reiben und in Scheiben schneiden.
3. Die Nudeln in ein Sieb abgießen, dabei etwa 100 ml Kochwasser auffangen. Das Olivenöl in einer Pfanne auf mittlerer Flamme (zu Hause: bei mittlerer Temperatur) erhitzen und den Blumenkohl darin rundum 7 bis 10 Minuten braten.
4. Den Knoblauch hinzufügen, etwa 1 Minute mitbraten und dann alles mit der Pasta-Flüssigkeit ablöschen.
5. Die Spaghetti in die Pfanne geben, mit den Zitronenscheiben belegen und den Deckel auflegen. Bei schwacher Hitze etwa 10 Minuten köcheln lassen, ggf. etwas mehr Pasta-Flüssigkeit oder Wasser hinzufügen.
6. Die Cauliflower Pasta mit Salz und Pfeffer würzen. Rucola oder Basilikum waschen und trocken schütteln, die Pasta damit bestreuen.
7. Die Pasta direkt aus der Pfanne schlemmen (jedoch die Zitronen aussparen).

VEGGIE-TOMAS,
die Avocados und die Elefanten

Es gibt Orte, an die Frank und ich immer wieder zurückkehren. Südluangwa, das sogenannte Tal der Leoparden, in Sambia gehört ganz bestimmt dazu. Vier Jahre in Folge sind Frank und ich hierhergekommen und fanden jedes Mal Unterschlupf auf einem der Campingplätze am Luangwa-Fluss, der den Nationalpark von dem nächsten Ort namens Mfuwe trennt. Bedingt durch unsere Arbeit haben wir hier mittlerweile Freundschaften geschlossen. Ein junger Mann aus Mfuwe wird mir für immer in Erinnerung bleiben: Tomas. Tomas nennt sich selbst „Veggie-Tomas“ und er lässt das Herz eines jeden Veganers höherschlagen, denn er beliefert die Camper mit dem besten saisonalen Gemüse und Obst: Rucola, Süßkartoffeln, Papayas, Bananen und noch so vieles mehr. Auf einem Fahrrad mit einem prall gefüllten Korb klappert er täglich die verschiedenen Campingplätze ab und erspart den Campern somit einen Besuch auf dem Markt. 2019 verbrachten Frank und ich eine ganze Saison in Südluangwa. Veggie-Tomas registrierte das und gab mir kurzum seine Telefonnummer. Wann immer ich eine Lieferung benötigte, solle ich ihn einfach anrufen. Besonders seine Avocados hatten es mir angetan: von der Größe einer Honigmelone und immer perfekt reif. Umso überraschter war ich, als Tomas mir eines Tages einen Haufen Avocados brachte, die vollkommen zermatscht und an mehreren Stellen aufgebrochen waren. „Nanu, was ist denn hier passiert?“, fragte ich ihn. Er erzählte mir, wie eine Herde Elefanten ihm regelmäßig hinterherjagte, weil die Elefanten es a) auf seinen Gemüsekorb abgesehen haben und b) Fahrräder nicht besonders gut leiden können. Und so habe er an diesem Tag leider sein Rad kurzum in einen Busch lenken müssen, um den Elefanten zu entgehen. Dabei seien leider die Avocados aus dem Korb gefallen, aber er habe sie alle retten können.

Was sich nach einer lustigen Anekdote anhört, ist tatsächlich ein ernstes Problem in den meisten Siedlungen, die an Nationalparks grenzen. Diese Menschen leben nach wie vor Tür an Tür mit den wilden Tieren und müssen tagtäglich mit den Gefahren leben, die damit einhergehen. Im Südluangwa-Tal begegnet man diesen Herausforderungen mit sehr viel Kreativität, so werden um die lokalen Farmen z.B. Chili und Lemongrass gepflanzt, was die Elefanten nicht ausstehen können. Die zermatschen Avocados haben wir natürlich trotzdem gekauft und einen riesigen Topf Guacamole daraus gezaubert. Hier mein Rezept – für ganz fix gemachten Dip-Genuss:

2 bis 3 Avocados halbieren, den Stein entfernen und das Fleisch mit einem Löffel herausschaben. 1 Tomate in Würfel schneiden. 1 Zitrone auspressen. Alle Zutaten in einer Schale mit einer Gabel zerstampfen und mit Salz und Pfeffer würzen.

PAN-O-NACHOS

mit Tomaten und Bohnen

Ein supersimples Lunchgericht, auf das man immer schnell zurückgreifen kann. Die Zutaten für meine Pan-O-Nachos habe ich eigentlich immer dabei. Und wenngleich frisches Gemüse vorzuziehen ist, kann man diese Mahlzeit fast komplett mit konserviertem Dosengemüse kochen – den veganen Pizzakäse einmal außen vorgenommen, aber auch den kann man ggf. weglassen.

ZUTATEN FÜR 2 PERSONEN

1 Zwiebel

1 EL Olivenöl

1 Dose Kidney-Bohnen (ca. 240 g Abtropfgewicht)

1 kleine Dose Mais (ca. 140 g Abtropfgewicht)

1 Dose stückige Tomaten (400 g)

1 Handvoll Petersilien- oder Korianderblätter

1–2 frische Tomaten (nach Belieben)

Salz · Pfeffer

1 TL Paprikapulver (edelsüß)

1 Handvoll Jalapeños

150 g veganer Pizzakäse

1 Tüte Nacho-Chips

1. Die Zwiebel schälen und in feine Würfel schneiden. Das Olivenöl in einer Pfanne auf mittlerer Flamme (zu Hause: bei mittlerer Temperatur) erhitzen und die Zwiebel darin anbraten.

2. Bohnen und Mais in ein Sieb abgießen. Beides mit den stückigen Tomaten zur Zwiebel in die Pfanne geben und etwa 5 Minuten garen.

3. Petersilie oder Koriander waschen, trocken tupfen und fein hacken. Falls du frische Tomaten nimmst: Die Tomaten waschen und in Scheiben schneiden, dabei die Stielansätze entfernen.

4. Die Bohnen-Mais-Pfanne mit Salz, Pfeffer und Paprikapulver würzen, mit Jalapeños und ggf. Tomaten belegen und mit dem veganen Käse bestreuen.

5. Den Deckel auflegen und das Gericht bei schwacher Hitze weitere 5 bis 10 Minuten köcheln lassen, bis der Käse geschmolzen ist. Mit Kräutern bestreuen und mit den Nacho-Chips direkt aus der Pfanne dippen.

RAINBOW LUNCH BOWL

mit geröstetem Kürbis und Black Bean Dip

Die Zutaten für die Rainbow Lunch Bowl variieren bei mir immer, je nachdem, welches Gemüse ich gerade da habe – Hauptsache, alle Farben des Regenbogens kommen darin vor. Den Brokkoli kann man z.B. durch grüne Bohnen, Erbsen oder Rucola ersetzen und statt Naturreis nehme ich manchmal Quinoa oder Couscous. Der Kürbis in diesem Rezept ist ein Überrest von meinem Roasted Pumpkin Salad auf S. 88.

ZUTATEN FÜR 2 PERSONEN

Für die Bowl

1 Tasse Naturreis · Salz

4 Romatomaten

Pfeffer

2 TL Olivenöl

1 kleine Knoblauchzehe

150 g Brokkoliröschen

1 reife Avocado

200 g gerösteter Kürbis (siehe S. 88)

1 Handvoll helle Sesamsamen (nach Belieben)

Für den Dip

50 g schwarze Bohnen (aus der Dose)

Saft von 1 Limette

1 TL Olivenöl

Salz · Pfeffer

½ TL Paprikapulver (edelsüß)

½ TL Knoblauchpulver

1. Ein Feuer machen und auf glühende Kohlen warten.
2. Inzwischen für die Rainbow Bowl den Naturreis auf mittlerer Flamme (zu Hause: bei mittlerer Hitze) nach Packungsanweisung in Salzwasser kochen.
3. Die Tomaten waschen, mit Salz und Pfeffer würzen und mit 1 TL Olivenöl beträufeln. In den Feuertopf legen und auf den Kohlen etwa 15 Minuten rösten.
4. Die Tomaten in einer Pfanne in 1 TL Olivenöl 5 Minuten anbraten. Herausnehmen.
5. Knoblauch schälen und in feine Würfel schneiden. In der Pfanne das restliche Olivenöl erhitzen und den Brokkoli darin 5 bis 6 Minuten anbraten, am Ende den Knoblauch hinzufügen und mit Salz und Pfeffer würzen.
6. Für den Dip alle Zutaten in den Küchenmixer geben und auf hoher Stufe mixen. Oder alternativ mit einer Gabel zerstampfen.
7. Die Avocado halbieren und den Stein entfernen. Fruchtfleisch aus der Schale lösen und in Scheiben schneiden.
8. Naturreis, geröstete Tomaten, Brokkoli, Avocado und gerösteten Kürbis nebeneinander in eine Schale setzen und den Dip darauf anrichten. Nach Belieben mit Sesam bestreuen.

Elefanten essen ausschließlich
Pflanzen - warum dann
nicht auch wir?

Bunte

CURRY-RAMEN

Perfekt, wenn es schnell gehen muss, aber trotzdem gesund sein soll. Meine Curry-Ramen dauern keine 15 Minuten in der Zubereitung und das Gemüse lässt sich nach Belieben abwandeln. Verwende beim nächsten Mal z.B. gern ein paar grüne Bohnen, Brokkoli oder Blumenkohl. Wichtig ist nur, dass alle Gemüsesorten eine kurze Garzeit haben und etwa gleich groß geschnitten sind – Kartoffeln oder Kürbis eignen sich in diesem Fall nicht so gut.

ZUTATEN FÜR 2 PERSONEN

1 Zwiebel

3–4 Romatomaten

2–3 Pak Choi

½ Paprikaschote (Farbe nach Wahl)

1 Packung Reisnudeln (200 g)

1 EL Olivenöl

1 Handvoll Erbsen (frisch oder tiefgekühlt)

¼ l Gemüsebrühe (am besten selbst gemacht; siehe S. 153)

2 EL Kokosmilch

Saft von 1 Limette

1 EL Sojasauce

1 TL Currypulver

1 TL Ingwerpulver

Salz · Pfeffer

1 EL helle Sesamsamen

1. Die Zwiebel schälen und in feine Würfel schneiden. Die Tomaten waschen und halbieren. Die Pak Choi waschen und in feine Streifen schneiden. Die Paprikaschote entkernen, waschen und in kleine Würfel schneiden.

2. Die Reisnudeln nach Packungsanweisung garen.

3. Olivenöl im Wok oder in einer tiefen Pfanne auf mittlerer Flamme (zu Hause: bei mittlerer Temperatur) erhitzen und die Zwiebel darin kurz anbraten. Tomaten, Pak-Choi-Streifen, Paprikawürfel und Erbsen dazugeben und 5 bis 8 Minuten braten.

4. Brühe, Kokosmilch, Limettensaft und Sojasauce hinzufügen und alles verrühren. Die Reisnudeln abgießen und untermischen.

5. Die Nudeln mit Curry, Ingwer, Salz und Pfeffer würzen und mit Sesam bestreuen.

Tipp: Wenn noch etwas Brühe übrig bleibt, lohnt es sich, diese in einem Einweckglas aufzuheben. Man kann sie super anderen asiatischen Gerichten hinzufügen oder als Basis für eine Suppe verwenden.

ONE POT PROTEIN PASTA

mit selbst gemachtem „Parmesan"

„Kriegst du auch genug Proteine?!" Der Frage müssen sich viele Veganer stellen, darum kann es nicht schaden, darauf vorbereitet zu sein. Ausreichend Eiweiß erhältst du bei einer veganen Ernährung z. B. durch den Verzehr der folgenden Lebensmittel: Spinat, Erbsen, Linsen, Kichererbsen, Kerne (z. B. Cashews) und noch so viel mehr. Und wie es der Zufall will, findest du all diese Zutaten in dem folgenden Rezept vereint.

ZUTATEN FÜR 2 PERSONEN

Für die One Pot Pasta

1 Knoblauchzehe

1 Handvoll Blattspinat

1 TL Olivenöl

1 Dose stückige Tomaten (400 g)

300 g Linsen- oder Kichererbsen-Pasta

150 g Erbsen (frisch oder tiefgekühlt)

Salz · Pfeffer

Für den veganen Parmesan

200 g ungesalzene Cashewkerne

1 TL Hefeflocken

Knoblauchpulver

Salz · Pfeffer

1. Für die One Pot Pasta den Knoblauch schälen und in feine Würfel schneiden. Den Spinat waschen, verlesen und trocken schütteln, grobe Stiele entfernen. Das Olivenöl in einem Topf auf mittlerer Flamme (zu Hause: bei mittlerer Temperatur) erhitzen und den Knoblauch 1 Minute darin anbraten. Die stückigen Tomaten und 300 ml Wasser hinzugießen.

2. Die Pasta hinzugeben und alles bei mittlerer Hitze garen, bis die Flüssigkeit vollständig aufgenommen bzw. die Pasta bissfest ist.

3. Spinat und Erbsen hinzufügen und weitere 3 bis 5 Minuten garen. Alles mit Salz und Pfeffer würzen.

4. Für den veganen Parmesan die Cashewkerne im Küchenmixer fein mahlen (oder mit einem Messer in so kleine Stücke wie möglich schneiden). Hefe und jeweils 1 Prise Knoblauchpulver, Salz und Pfeffer dazugeben und untermixen.

5. Die One Pot Pasta mit etwas veganem Parmesan direkt aus dem Topf genießen. Restlichen Parmesan in einem Einweckglas im Kühlschrank verstauen – er hält sich etwa 2 bis 3 Wochen.

ABENDS

„Geröstete"

TOMATEN-BASILIKUM-SUPPE

Man glaubt es kaum, aber auch in Afrika kann es nach Einbruch der Dunkelheit durchaus kalt werden. Vor allem in der Wüste, wie z.B. in Namibia oder der Kalahari in Botswana. An solchen Abenden koche ich am liebsten diese Suppe. Das Mixen der Zutaten am Ende ist optional – wir haben einen kleinen Reisemixer und Strom im Auto, darum können wir das problemlos machen. Die Suppe schmeckt aber auch „ungemixt". Am besten serviert man sie beim Campen in der Tasse.

ZUTATEN FÜR 2 PERSONEN

8–10 große Romatomaten

4 TL Olivenöl

Salz

Pfeffer

1 Zwiebel

4 Knoblauchzehen

1 TL getrockneter Oregano

1 Handvoll Basilikumblätter

1 Dose stückige Tomaten (400 g)

1 TL brauner Zucker

2 Tassen Gemüsebrühe (am besten selbst gemacht; siehe S. 153)

2 EL veganer Frischkäse (nach Belieben)

1. Ein Feuer machen und auf glühende Kohlen warten.
   Oder den Backofen auf 175 °C vorheizen.

2. Die Tomaten waschen, halbieren und in den Feuertopf (zu Hause: auf ein Backblech) geben. Mit 2 TL Olivenöl beträufeln und mit Salz und Pfeffer würzen.

3. Den Feuertopf auf die Kohlen legen und die Tomaten 30 bis 45 Minuten rösten. Dann aus dem Topf nehmen und beiseitelegen.

4. Die Tomaten im Backofen auf der mittleren Schiene 30 bis 45 Minuten garen.

5. Inzwischen die Zwiebel und den Knoblauch schälen und in feine Würfel schneiden. Das restliche Olivenöl im Feuertopf (oder einem Topf) auf mittlerer Flamme (zu Hause: bei mittlerer Temperatur) erhitzen und die Zwiebel darin etwa 5 Minuten anbraten.

6. Knoblauch dazugeben und mit Oregano, Salz und Pfeffer würzen. Die Basilikumblätter waschen, trocken tupfen und klein hacken. Mit den stückigen Tomaten und dem Zucker unterrühren. Auf kleiner Flamme (zu Hause: bei schwacher Hitze) etwa 10 Minuten köcheln lassen.

7. Die Brühe und die gerösteten Tomaten hinzufügen. Die Suppe weitere 20 Minuten köcheln lassen, dabei gelegentlich umrühren.

8. Nach Belieben die Suppe im Küchenmixer pürieren, andernfalls zumindest die gerösteten Tomaten mit einer Gabel im Topf zerdrücken, damit man sich beim Essen nicht die Zunge verbrennt und sich der Geschmack voll entfaltet.

9. Die Suppe in Schalen oder tiefen Tellern anrichten und nach Belieben mit dem veganen Frischkäse toppen.

Date Night

FETTUCCINE

Ja, Date Night gibt es auch auf Safari. Wenn Frank und ich es uns am Abend am Lagerfeuer gemütlich machen wollen, dann kochen wir unsere Date Night Fettuccine und zünden dazu auch mal ein paar Kerzen an. Die einzige „Schwierigkeit" bei diesem Rezept besteht darin, den Kokosgeschmack der Kokosmilch so gut es geht zu „überdecken" – was mit dem Knoblauch, der Zitrone und dem Weißweinessig ohne Weiteres gelingt. In Deutschland würde ich statt der Kokosmilch vielleicht einfach veganen Frischkäse benutzen – den finde ich in Afrika allerdings nur selten. Die Kokosmilch kommt außerdem aus der Dose und ist somit lange haltbar – perfekt fürs Campen!

ZUTATEN FÜR 2 PERSONEN

300 g Fettuccine

Salz

1 Zwiebel

1 Knoblauchzehe

200 g Champignons

2 EL Olivenöl

1 EL Weißweinessig

Saft von ½ Zitrone

100 ml Gemüsebrühe (am besten selbst gemacht; siehe S. 153)

1 Dose Kokosmilch (400 ml)

einige Blätter Salbei (nach Belieben)

Pfeffer

1. Die Fettuccine in reichlich kochendem Salzwasser bissfest garen. In ein Sieb abgießen und zugedeckt warm halten.

2. Die Zwiebel und den Knoblauch schälen und in feine Würfel schneiden. Die Champignons putzen und in Scheiben schneiden. Das Olivenöl in einer Pfanne auf mittlerer Flamme (zu Hause: bei mittlerer Temperatur) erhitzen und die Zwiebel darin anbraten.

3. Die Pilze hinzufügen und bei mittlerer Hitze etwa 5 Minuten braten. Den Knoblauch dazugeben und etwa 1 Minute mitbraten. Mit dem Essig ablöschen, dann den Zitronensaft und die Brühe hinzufügen.

4. Die Kokosmilch dazugießen, nach Belieben die Salbeiblätter unterrühren und die Sauce mit Salz und reichlich Pfeffer würzen. Die Sauce etwa 15 Minuten köcheln lassen. Dann die Nudeln unter die Sauce mischen. Die Fettuccine auf Teller verteilen und schön anrichten.

Tipp: Salbei findet man – vor allem in Afrika – manchmal nur schwer. Basilikum gibt es aber eigentlich in jedem Supermarkt, entweder als Paste oder frisch. Damit gelingt das Rezept genauso gut.

BLACK BEAN BURGER

mit Sweet Potato Fries

Dieses Rezept ist nach etlichen Versuchen entstanden, einen veganen Patty zu kreieren, den man auf dem Grill braten kann. Was soll ich sagen – es ist gelungen. Die entscheidende Zutat ist der gekochte Naturreis, der den Pattys die Festigkeit gibt. Achtung: Wenn die Pattys zu lange braten, können sie recht trocken werden, also: Kürzer ist besser. Die Rote Bete macht die Burger schön saftig.

ZUTATEN FÜR 4 BURGER

Für die Pattys

½ Tasse Naturreis · Salz

1 Zwiebel · 1 Knoblauchzehe

1 Rote Bete

1 Dose schwarze Bohnen (ca. 240 g Abtropfgewicht)

1 Handvoll Kürbiskerne

2 EL Olivenöl

1 EL Leinsamen

1 TL Kurkumapulver

1 TL Paprikapulver (edelsüß)

2 EL Haferflocken

Pfeffer

Für die Sweet Potato Fries

2–3 große Süßkartoffeln

4 EL Olivenöl

je 1 TL Knoblauch- und Zwiebelpulver

Salz · Pfeffer

Zum Servieren

4 Brioche-Brötchen (aufgeschnitten)

vegane Mayonnaise oder Tomatenketchup

einige Tomatenscheiben

1 Avocado (zerstampft)

4–6 Eisberg- oder Romana-Salatblätter

1. Für die Pattys den Naturreis nach Packungsanweisung in Salzwasser garen. Zwiebel und Knoblauch schälen und in feine Würfel schneiden. Rote Bete schälen und raspeln. Abgetropfte Bohnen und Kürbiskerne in einer großen Schale mit einer Gabel zerstampfen.

2. Zwiebel in einer Pfanne im Olivenöl anbraten. Restliche Zutaten, bis auf den Reis, sowie je ½ TL Salz und Pfeffer hinzufügen und zu einer knetbaren Masse verrühren (falls die Masse zu trocken ist, 1 EL Wasser hinzugeben). Reis untermischen und die Masse mindestens 30 Minuten kühl stellen (so wird die Masse fester und die Burger lassen sich gut auf dem Grill braten).

3. Ein Feuer machen und auf glühende Kohlen warten.
   Oder den Backofen auf 180 °C vorheizen.

4. Für die Sweet Potato Fries die Süßkartoffeln waschen und in gleichmäßig dicke Stifte schneiden. Etwa 15 Minuten in eine Schale Wasser legen, dann auf einem Handtuch ausbreiten und abtupfen (so werden die Pommes knuspriger). Dann die Süßkartoffelstifte in eine ausreichend große Schale geben und mit dem Olivenöl beträufeln. Die Gewürze unterrühren.

5. Feuertopf mit etwas Backpapier auslegen, Süßkartoffeln hineinlegen und den Deckel auflegen. Topf auf die glühenden Kohlen stellen und mit einer Zange außerdem ein paar heiße Kohlen auf den Deckel legen. Die Süßkartoffeln etwa 40 Minuten backen. Nach 20 Minuten die Pommes mit einem Löffel wenden.

6. Süßkartoffeln auf einem mit Backpapier ausgelegten Backblech verteilen und im Ofen auf der mittleren Schiene etwa 40 Minuten backen, dabei nach etwa 20 Minuten wenden.

7. Aus der Patty-Masse mit angefeuchteten Händen 4 Pattys formen. Auf dem Grill oder in einer Pfanne beidseitig 6 bis 8 Minuten grillen bzw. braten. Brötchen mit Mayo oder Ketchup bestreichen, mit Pattys und restlichen Zutaten nach Belieben belegen.

WURZELGEMÜSE-PASTA

mit Mandel-Ricotta

Eines von diesen veganen Gerichten, die so einfach zuzubereiten sind und trotzdem so lecker schmecken, dass man sich fragt, warum man nicht schon immer Veganer war. Vor allem der Mandel-Ricotta ist ein absoluter Hit! Reste kannst du als leckeren Brotaufstrich verwenden. Die Rote Bete gibt der Pasta die rot leuchtende Farbe – und so isst dann auch noch das Auge mit.

ZUTATEN FÜR 2 PERSONEN

Für den Mandel-Ricotta

1 Rezept Mandel-Ricotta (siehe S. 155)

Für die Pasta

1 große Zwiebel

3 Möhren

3 Pastinaken

1 Rote Bete

2 EL Olivenöl

Saft von ½ Zitrone

4–5 Salbeiblätter (nach Belieben)

Salz · Pfeffer

300 g Spaghetti

Außerdem

1 EL gehackte Mandeln (nach Belieben)

1. Den Mandel-Ricotta nach dem Rezept auf S. 155 zubereiten.
2. Für die Pasta die Zwiebel schälen und in feine Würfel schneiden. Die Möhren, die Pastinaken und die Rote Bete putzen, schälen und raspeln.
3. Das Olivenöl in einer Pfanne auf mittlerer Flamme (zu Hause: bei mittlerer Temperatur) erhitzen und Zwiebel, Möhren, Pastinaken und Rote Bete darin 15 bis 20 Minuten bei schwacher Hitze braten (eventuell einen Schuss Wasser hinzufügen).
4. Dann Zitronensaft und nach Belieben Salbei dazugeben und das Gemüse mit Salz und Pfeffer würzen.
5. Inzwischen die Spaghetti nach Packungsanweisung in kochendem Salzwasser garen, abgießen und zum Wurzelgemüse in die Pfanne geben.
6. Die Wurzelgemüse-Pasta auf Tellern anrichten und mit dem Mandel-Ricotta toppen. Nach Belieben noch mit Pfeffer und gehackten Mandeln bestreuen.

BLUMENKOHL-STEAKS

mit lauwarmem Kartoffelsalat

Dieses Gericht ist eine echte Geschmacksexplosion! Es mag verlockend erscheinen, ein paar der Zutaten wegzulassen, z. B. die karamellisierte Zwiebel oder die Cranberrys. Aber tatsächlich schmeckt es einfach am allerbesten, wenn alle Komponenten enthalten sind. Dann trifft süß auf sauer auf salzig auf der Zunge! Ich bestreiche meine Steaks gern noch mit meinem Basilikumpesto (S. 155).

ZUTATEN FÜR 2 PERSONEN

Für die Blumenkohl-Steaks

1 großer Blumenkohl

4 EL Olivenöl

Salz

Pfeffer

getrocknete italienische Kräutermischung

3 Knoblauchzehen

Für den Kartoffelsalat

4–6 kleine festkochende Kartoffeln

2 EL Olivenöl

1 große Zwiebel (in Scheiben)

brauner Zucker (nach Belieben)

4–5 EL vegane Mayonnaise

1 EL Apfelessig

Salz

Pfeffer

2–4 Gewürzgurken (in Scheiben)

4–6 Kirschtomaten (in Würfeln)

1 Handvoll getrocknete Cranberrys

1. Ein Feuer machen und auf glühende Kohlen warten.
   Oder den Backofen auf 180 °C vorheizen.

2. Blumenkohl waschen und in etwa daumenbreite Scheiben schneiden (die Mitte des Blumenkohls eignet sich am besten für die Steaks; die äußeren Scheiben werden wahrscheinlich zerfallen – diese „Kohl-Krümel“ einfach genauso wie die Steaks zubereiten oder für z. B. das Blumenkohl-Shawarma von S. 70 nehmen).

3. Olivenöl, Salz, Pfeffer und italienische Kräuter in einer Schale verrühren. Den Knoblauch schälen und grob zerdrücken.

4. Blumenkohl-Steaks auf beiden Seiten mit dem Gewürzöl bestreichen und in den Feuertopf (oder auf ein Stück Alufolie) legen. Den Knoblauch dazulegen, die Steaks in der Alufolie einwickeln bzw. den Deckel des Feuertopfs aufsetzen und auf ein paar glühende Kohlen stellen (nicht in die Flammen!). Blumenkohl-Steaks etwa 30 Minuten backen.

5. Steaks auf beiden Seiten mit dem Gewürzöl bestreichen und auf ein mit Backpapier belegtes Blech legen. Knoblauch dazulegen und Steaks etwa 30 Minuten backen, nach 15 Minuten wenden.

6. Kartoffeln schälen, waschen und würfeln. Mit etwas Olivenöl bestreichen, in Alufolie wickeln und 30 bis 45 Minuten in die glühenden Kohlen legen (ggf. schon am Abend zuvor).

7. Kartoffeln schälen, waschen und würfeln. Mit dem Blumenkohl auf das Blech legen und mit etwas Olivenöl bestreichen.

8. Zwiebelscheiben in 1 EL Olivenöl auf kleiner Flamme (zu Hause: bei schwacher Hitze) 20 bis 25 Minuten braten, bis sie karamellisiert sind, zwischendurch einen Schuss Wasser und nach Belieben 1 Prise braunen Zucker hinzufügen. Mayonnaise, Essig, Salz und Pfeffer verrühren. Kartoffeln, Gurken, Tomaten, Cranberrys und Zwiebeln untermischen. Blumenkohl-Steaks mit Salat anrichten.

DINNER mit Stachelschwein

Also, ich liebe ja grundsätzlich alle Tiere, Freunde. Aber dieses kleine Mistvieh hier jagte mir einst während eines Aufenthalts in Damaraland, Namibia, einen RIESEN-Schrecken ein! Und das war so: Ich saß allein im Dunkeln am Feuer, Frank hatte das Duschzelt aufgebaut und stand so wie Gott ihn schuf gerade nicht zur Verfügung. Während ich also bewaffnet nur mit meinem Kochlöffel und meiner Stirnlampe das Abendessen zubereitete (es gab an diesem Abend das Blumenkohl-Steak von Seite 116), hörte ich plötzlich ein Rascheln im Gebüsch. Ich leuchtete wie wild um mich (was immer total bescheuert aussieht, wenn man die Lampe dabei am Kopf lässt und sich nach allen Seiten dreht wie ein Leuchtturm). Ich konnte aber kein Tier entdecken, also widmete ich mich wieder den veganen Steaks in der Pfanne. Doch gerade als ich schwer damit beschäftigt war, die Blumenkohlscheiben zu wenden, ohne sie dabei zu zerbrechen, nahm ich auf einmal eine Bewegung in meinem Sichtfeld wahr, und zwar nicht weit von mir entfernt.

Ich kann an dieser Stelle ohne Übertreibung sagen, dass man in einem Camp ohne Zäune durchaus immer damit rechnen muss, dass auch mal etwas Größeres zum Abendessen vorbeischaut. Zuvor hatten wir auf unseren Trips bereits Leoparden, Löwen, Elefanten und Wasserbüffel zu Besuch. Meine folgende Reaktion war also in gewisser Weise verständlich: Ich sprang von meinem Schemel hoch, schleuderte dabei das Blumenkohlsteak im hohen Bogen durch die Luft und fing es auf magische Weise mit der Pfanne wieder auf wie einen Pfannkuchen, deutete mit dem Kochlöffel in bedrohlicher Geste auf den Eindringling in der Dunkelheit, brüllte lautstark „HEY!!!“, riss mir die Stirnlampe vom Kopf und leuchtete auf… du ahnst es: ein Stachelschwein, das mich nur völlig unbeeindruckt anglotzte und an mir so wenig Interesse zeigte, wie ein Löwe an einem Blumenkohl-Steak hätte.

Der Grund, warum diese ulkigen Nager regelmäßig an Lagerfeuern (vor allem in Namibia) vorbeischauen, ist tatsächlich leider bedenklich: Was sie anlockt, sind die Essensreste, die unwissende Touristen im Freien lassen oder – leider auch wahr – die sie den Tieren gar vorsätzlich zum Fressen auslegen. Also, ein Wort der Warnung, liebe Camper: Alles Essen vor dem Schlafengehen immer sicher und möglichst geruchsdicht verstauen. Von der Mitnahme von Orangen würde ich in weiten Teilen Namibias und auch am Rande des Südluangwa-Nationalparks in Sambia übrigens ganz absehen: Die Elefanten haben hier mit der Zeit leider großen Geschmack an den Zitrusfrüchten gefunden. Es gibt Berichte, dass sie gar Autos demolieren, um an ihren geliebten Snack zu kommen…

PS: *Mist. Ich wünschte, ich könnte ehrlich behaupten, dass ich das Blumenkohl-Steak mit der Pfanne auffing, aber an dieser Stelle muss ich doch zugeben, dass Frank und ich uns an diesem Abend eins teilten, weil mir das andere vor Schreck in die Feuerglut gefallen war…*

Unter freiem Himmel zu kochen,
bringt uns ein Stück näher zurück
zu unserem Ursprung.

GEFÜLLTE PAPRIKASCHOTEN

mit Zucchini

Die gefüllten Paprika eignen sich bestens für einen dieser Abende, an denen man keine große Lust zum Kochen hat. Einfach ab in die Kohlen damit und eine Stunde später warm genießen. Wenn es ganz schnell gehen soll, kann der Naturreis auch weggelassen oder durch eine Dose Linsen ersetzt werden. Und anstelle von Zucchini packe ich auch gern anderes Gemüse wie Auberginen, Champignons oder Mais in die Füllung. Erlaubt ist, was schmeckt!

ZUTATEN FÜR 2 PERSONEN

1 Tasse Naturreis

Salz

4 große Paprikaschoten
(Farbe nach Wahl)

1 Zwiebel

1 Knoblauchzehe

1 kleine Zucchini

3–4 Stiele Petersilie

1 EL Olivenöl

1 Dose stückige Tomaten (400 g)

Pfeffer

1 TL Paprikapulver (edelsüß)

150 g veganer Pizzakäse

1. Ein Feuer machen und auf glühende Kohlen warten.
2. Den Naturreis nach Packungsanweisung in Salzwasser kochen und in ein Sieb abgießen.
3. Oder den Backofen auf 180 °C vorheizen.
4. Die Paprikaschoten waschen, jeweils einen „Deckel" abschneiden und die Paprika entkernen. Die Zwiebel und den Knoblauch schälen und in feine Würfel schneiden. Die Zucchini putzen, waschen und in kleine Würfel schneiden. Die Petersilie waschen, trocken tupfen und fein hacken.
5. Das Olivenöl in einer Pfanne auf mittlerer Flamme (zu Hause: bei mittlerer Temperatur) erhitzen und die Zwiebel darin kurz anbraten. Knoblauch und Zucchini hinzufügen und 1 bis 2 Minuten mitbraten. Die Tomaten und den Naturreis dazugeben. Alles gut verrühren und bei schwacher Hitze weitere 5 bis 8 Minuten köcheln lassen. Mit Salz, Pfeffer und Paprikapulver würzen und die Petersilie untermischen.
6. Die Füllung mit einem Löffel in die Paprikaschoten füllen und mit dem veganen Käse bestreuen. Die Deckel aufsetzen und die Paprikaschoten in den Feuertopf (zu Hause: in eine Auflaufform) stellen und den Deckel aufsetzen.
7. Den Feuertopf in die glühenden Kohlen bzw. die Auflaufform auf der mittleren Schiene in den Ofen stellen und die gefüllten Paprikaschoten 20 bis 30 Minuten backen.

NO MEAT BALLS

in würziger Sauce

Ein richtiges Wohlfühlgericht! Von den No Meat Balls mache ich gern gleich ein paar mehr, weil sie sich auch super als Snack für zwischendurch eignen. Wer unterwegs keine Lust hat, die Bällchen zu rollen, der bereitet sie zu Hause vor und verwahrt sie für die Reise im Kühlfach.

ZUTATEN FÜR 2 PERSONEN

Für die Bällchen

1 Zwiebel

2 Knoblauchzehen

150 g Champignons

2–3 TL Olivenöl

1 Dose braune Linsen (ca. 240 g Abtropfgewicht)

100 g Haferflocken

1 Handvoll Petersilie (gehackt)

5 TL Sojasauce

Salz · Pfeffer

Für die Sauce

150 ml Gemüsebrühe (am besten selbst gemacht; siehe S. 153)

1 Dose Kokosmilch (400 ml)

1 TL Dijon-Senf

1 TL Knoblauchpulver

1 TL Zwiebelpulver

1 TL Mehl

Salz · Pfeffer

Außerdem

5–8 kleine festkochende Kartoffeln

etwas gehackte Petersilie

1. Ein Feuer machen und auf glühende Kohlen warten.
   Oder den Backofen auf 180 °C vorheizen.

2. Für die Bällchen Zwiebel und Knoblauch schälen, Pilze putzen. Alles in feine Würfel schneiden. Die Zwiebel in einer Pfanne in 1 TL Olivenöl etwa 3 Minuten anbraten. Knoblauch hinzufügen und 1 Minute mitbraten. Pilze dazugeben und weich dünsten (ggf. einen Schuss Wasser dazugeben).

3. Die Linsen in ein Sieb abgießen. Mit Haferflocken, Pilz-Mix, Petersilie und Sojasauce in eine Schale geben und mit einer Gabel vermischen bzw. zerstampfen (zu Hause erledigt diesen Schritt schnell der Küchenmixer). Die Masse mit Salz und Pfeffer würzen.

4. Mischung mindestens 10 Minuten ruhen lassen (am besten für ein paar Stunden oder sogar über Nacht in den Kühlschrank stellen).

5. Mit angefeuchteten Händen aus der Masse Bällchen formen.
   Bällchen in den Feuertopf oder auf ein Stück Alufolie legen, mit dem restlichen Olivenöl beträufeln, ggf. in die Alufolie wickeln und 25 bis 30 Minuten backen, nach der Hälfte der Zeit einmal wenden.

6. Ein Backblech mit Backpapier auslegen. Die Bällchen darauflegen, mit dem restlichen Olivenöl beträufeln und im Ofen auf der mittleren Schiene 25 bis 30 Minuten backen, nach der Hälfte der Zeit einmal wenden.

7. Inzwischen die Kartoffeln waschen, weich garen bzw. in Alufolie wickeln und etwa 30 Minuten in die glühenden Kohlen legen (größere Kartoffeln brauchen ggf. 10 bis 15 Minuten länger).

8. Für die Sauce alle Zutaten außer das Mehl in einen Topf oder eine Pfanne geben und zum Kochen bringen. Sobald die Sauce aufkocht, das Mehl hinzufügen und so lange rühren, bis keine Klümpchen mehr zu sehen sind. Mit Salz und Pfeffer würzen. Bällchen in der Sauce „ertränken“, mit Kartoffeln und Petersilie servieren.

VEGANER SHEPHERD'S PIE

mit Linsen und Pilzen

Der original Shepherd's Pie, ein englischer Auflaufklassiker, wird mit Hackfleisch und Kartoffelpüree zubereitet. Meine Variante ist ein nicht minder deftiger Genuss, den du nach Belieben abwandeln kannst. Anstelle des von mir verwendeten Gemüses kannst du z.B. auch Blumenkohl, grüne Bohnen oder Kürbis verwenden.

ZUTATEN FÜR 2 PERSONEN

3–4 mittelgroße mehligkochende Kartoffeln

Salz

3 EL Pflanzendrink

1 EL pflanzliche Margarine (nach Belieben)

1 Zwiebel

1 große Möhre

1 Handvoll Champignons

1 Dose braune Linsen (ca. 240 g Abtropfgewicht)

1 EL Olivenöl

1 Handvoll Erbsen (frisch oder tiefgekühlt)

¼ l Gemüsebrühe (am besten selbst gemacht; siehe S. 153)

2–3 EL Sojasauce

1 TL Mehl

Pfeffer

ca. 2 EL Schnittlauchröllchen

1. Ein Feuer machen und auf glühende Kohlen warten.
2. Die Kartoffeln schälen, waschen und in kleine Würfel schneiden. In Salzwasser gar kochen (oder falls das Feuer schon so weit ist: Kartoffeln in Alufolie wickeln und 40 Minuten in die Kohlen legen).
3. Kartoffelwürfel in einer Schale mit einer Gabel zerstampfen und den Pflanzendrink unterrühren. Kartoffelstampf mit 1 TL Salz würzen und nach Belieben die Margarine unterrühren.
4. Oder den Backofen auf 180 °C vorheizen.
5. Die Zwiebel schälen und in feine Würfel schneiden. Die Möhre putzen, schälen und in kleine Würfel schneiden. Die Pilze putzen und grob hacken. Die Linsen in ein Sieb abgießen.
6. Im Feuertopf (auf dem Feuer) oder in einem ofenfesten Topf (zu Hause) die Zwiebel in dem Olivenöl anbraten, dann Linsen, Möhre, Erbsen und Pilze dazugeben und kurz anbraten.
7. Brühe und Sojasauce hinzufügen und alles 5 bis 7 Minuten köcheln lassen. Das Mehl so lange unterrühren, bis keine Klümpchen mehr zu sehen sind. Es sollte eine dickflüssige Masse entstehen. Mit Salz und Pfeffer würzen.
8. Feuertopf vom Feuer nehmen und den Kartoffelbrei mit einer Gabel über die Masse streichen. Den Deckel auflegen und den Topf etwa 20 Minuten in die glühenden Kohlen stellen, zusätzlich mit einer Zange ein paar Kohlen auf den Deckel legen.
9. Topf in den Ofen stellen und den Shepherd's Pie darin etwa 20 Minuten backen.
10. Shepherd's Pie mit dem Schnittlauch bestreuen und direkt aus dem Topf genießen.

Aromenfeuerwerk:
Der Gewürz-Mix verwandelt
die Kokosmilch in einen
ungewöhnlichen und zugleich
gesunden Drink.

GOLDEN LATTE

Safari- DRINKS

Schnell gemixte Sundowner: Nach einem langen Tag auf Safari freuen wir uns darauf, ganz entspannt am Lagerfeuer bei einem Drink den Sonnenuntergang zu genießen. Hier meine Lieblingsrezepte.

Golden Latte

ZUTATEN FÜR 2 TASSEN

¼ l warme Kokosmilch, je ¼ TL Kurkuma-, Ingwer- und **Zimtpulver** sowie **veganes Vanille-Proteinpulver** (oder ¼ TL Vanilleextrakt), **1 winzige Prise Pfeffer** und **1 TL Ahornsirup** gut verrühren. Golden Latte in zwei Tassen geben und sofort genießen.

Malawi Shandy

ZUTATEN FÜR 2 GLÄSER

1 Handvoll gecrushtes Eis (wenn vorhanden), **50 ml Orangensaft, 1 Flasche Ginger Beer oder Ginger Ale** und **2 bis 4 Schüsse Cocktailbitter** (mit oder ohne Alkohol) nacheinander in die Gläser geben. Alles mit einem Strohhalm vorsichtig verrühren.

Ginger Cooler

ZUTATEN FÜR 2 GLÄSER

1 daumengroßes Stück Ingwer mit einem Teelöffel schälen und in dünne Scheiben schneiden. In die Gläser geben, **6 bis 8 Eiswürfel** (wenn vorhanden) hinzufügen und mit **1 Flasche Zitronenlimonade** übergießen. Alles verrühren, ggf. **1 EL Ahornsirup** unterrühren.

MALAWI SHANDY

GINGER COOLER

Hot Chocolate with Love

ZUTATEN FÜR 2 TASSEN

¼ l Pflanzendrink nach Wahl (ich verwende gern eine Hälfte Kokos- und eine Hälfte Hafermilch) in einem Topf erwärmen (Achtung, nicht zu heiß!). **2 TL bestes Kakaopulver, 2 TL Maca-Pulver, 1 EL Ahornsirup** und nach Belieben **1 TL Zimtpulver** unterrühren, bis sich alle Klumpen aufgelöst haben. Die Hot Chocolate in zwei Tassen geben und warm genießen. Ob zum Fühstück oder als „Betthupferl“: Die Hot Chocolate schmeckt immer!

Mediterrane

PFANNEN-LASAGNE

Lasagne aus der Pfanne? Ja, das geht. Anstelle des Buchweizens kannst du z. B. auch eine Dose Linsen verwenden. Da Linsen aber nicht jedem gleich gut bekommen, wollte ich gern eine andere Alternative anbieten. Außerdem bin ich ein großer Buchweizen-Fan und versuche, die unterschätzten (glutenfreien!) Körner überall unterzumogeln, wo ich nur kann.

ZUTATEN FÜR 2 PERSONEN

1 Zwiebel

1 Knoblauchzehe

1 kleine Aubergine

2 EL Olivenöl

1 Dose stückige Tomaten (400 g)

1 Tasse Buchweizen

100 ml Gemüsebrühe (am besten selbst gemacht; siehe S. 153)

2 EL Aceto balsamico

4–6 Lasagneblätter

1 Handvoll veganer Pizzakäse

1 Handvoll Kürbiskerne (nach Belieben)

1. Die Zwiebel und den Knoblauch schälen und in feine Würfel schneiden. Die Aubergine putzen, waschen und in kleine Würfel schneiden. In einer Pfanne 1 EL Olivenöl auf mittlerer Flamme (zu Hause: bei mittlerer Temperatur) erhitzen und die Auberginenwürfel darin 5 bis 7 Minuten braten, dann auf einem Teller zur Seite stellen.

2. Das restliche Olivenöl in der Pfanne erhitzen und die Zwiebel darin 3 Minuten braten, dann den Knoblauch hinzufügen und 1 Minute mitbraten.

3. Stückige Tomaten, Buchweizen, Brühe und Essig hinzufügen und alles gut verrühren, dann bei geschlossenem Deckel bei schwacher Hitze etwa 15 Minuten köcheln lassen. Die gebratene Aubergine untermischen.

4. Die Lasagneblätter grob in Stücke brechen und in die Tomatensauce „schieben“, sodass sie ausreichend mit Sauce bedeckt sind. Zugedeckt weitere 10 Minuten garen. Dann den Käse daraufstreuen, den Deckel erneut auflegen und weitere 5 bis 10 Minuten garen, bis der Käse geschmolzen ist (für diesen Schritt kann man die Pfanne ggf. ganz von der Hitze nehmen).

5. Die Pfannen-Lasagne nach Belieben mit Kürbiskernen bestreuen und direkt aus der Pfanne schlemmen.

GERÖSTETE SÜSSKARTOFFELN

mit Gemüseragout

Nach einem langen Tag unterwegs auf sandigen Straßen hat man abends manchmal wirklich keine Lust zu kochen. Aber bislang gibt es (leider) noch keinen Lieferservice, der bis in Afrikas Wildnis liefert. Dieses bunte Gemüserezept ist für alle, die am Abend einfach nur ins Feuer starren mögen, während sich das Abendessen (fast) von allein kocht.

ZUTATEN FÜR 2 PERSONEN

2 große Süßkartoffeln

1 EL Olivenöl

Salz · Pfeffer

Gemüsereste (z.B. Kirschtomaten, Auberginen, grüne Bohnen)

1 Dose stückige Tomaten (400 g)

1 TL Knoblauchpulver

1 TL Zwiebelpulver

italienische Kräutermischung

3 EL Aceto balsamico

Kürbiskerne, veganer Fetakäse oder veganer Frischkäse zum Garnieren (nach Belieben)

3–4 EL veganes Zaziki (siehe S. 74)

ca. 2 EL Schnittlauchröllchen (nach Belieben)

1. Ein Feuer machen und auf glühende Kohlen warten. Die Süßkartoffeln waschen, mit Olivenöl beträufeln und mit Salz und Pfeffer würzen. Jeweils in eine Schicht Alufolie wickeln und 40 Minuten in die glühenden Kohlen legen.

2. Oder den Backofen auf 180 °C vorheizen. Die Süßkartoffeln waschen, mit Olivenöl beträufeln und mit Salz und Pfeffer würzen. Auf ein mit Backpapier ausgelegtes Backblech legen und im Ofen etwa 40 Minuten backen.

3. Inzwischen das Gemüse putzen, waschen bzw. schälen und klein schneiden.

4. Das Gemüse in den Feuertopf geben und mit den stückigen Tomaten mischen. Dann mit Knoblauch- und Zwiebelpulver sowie der Kräutermischung würzen und mit dem Essig beträufeln. Nach Belieben mit Kürbiskernen oder Käse garnieren. Den Deckel auflegen, den Feuertopf auf die Kohlen setzen und ein paar Kohlen auf den Deckel legen. Das Gemüse etwa 20 Minuten garen.

5. Das Gemüse in einer Auflaufform mit den stückigen Tomaten mischen, dann mit Knoblauch- und Zwiebelpulver sowie der Kräutermischung würzen und mit dem Essig beträufeln. Nach Belieben mit Kürbiskernen oder Käse garnieren und im Ofen 20 Minuten garen.

6. Die gerösteten Süßkartoffeln etwas aufbrechen, mit Zaziki toppen und nach Belieben mit Kürbskernen und Schnittlauch bestreuen. Mit dem Gemüseragout auf Tellern anrichten.

Lass uns die wilden Orte bewahren,
damit sie den nächsten Generationen
erhalten bleiben.

ZUCCHINI-ENCHILADAS

mit Jackfruit

In tropischen Ländern haben Veganer schon längst die Jackfruit für sich entdeckt; in Deutschland bekommt man sie inzwischen in Bioläden und gut sortierten Supermärkten. Bei Zutaten mit langen Transportwegen gilt immer abzuwägen, ob dies nun wirklich sein muss. Ich wollte die Jackfruit in diesem Buch aber zumindest einmal erwähnt haben, denn ich koche tatsächlich sehr viel mit ihr. Richtig mariniert, schmeckt sie ganz und gar nicht fruchtig, sondern genauso wie Pulled Pork oder Hähnchen-Döner. Als Alternative verwende in diesem Rezept einfach eine Dose Linsen.

ZUTATEN FÜR 2 PERSONEN

1 Dose Jackfruit (ca. 300 g Abtropfgewicht)

1 Zwiebel

1 Knoblauchzehe

2 EL Olivenöl

1 TL Paprikapulver (edelsüß)

1 TL Kurkumapulver

1 TL Knoblauchpulver

½ TL Salz

½ TL Pfeffer

1 große Zucchini

1 Handvoll veganer Pizzakäse

1. Die Jackfruit in ein Sieb abgießen, in eine Schale geben und mit einer Gabel zerstampfen. Zwiebel und Knoblauch schälen und in feine Würfel schneiden. Beides mit Olivenöl und Gewürzen zur Jackfruit geben und verrühren. Die Masse etwa 10 Minuten durchziehen lassen.

2. Eine Pfanne auf mittlerer Flamme (zu Hause: bei mittlerer Temperatur) erhitzen und die marinierte Jackfruit 5 bis 8 Minuten unter häufigem Rühren braten.

3. Zucchini putzen, waschen und mit dem Sparschäler oder einem Messer längs in feine Streifen schneiden. In jeweils 1 Zucchinistreifen 1 EL Jackfruit-Mischung wickeln und dann zurück in die Pfanne legen. Wenn am Ende noch etwas von der Jackfruit-Mischung übrig ist, diese einfach in der Pfanne lassen und am Ende so dazu essen.

4. Wenn alle Zucchini-Rollen in der Pfanne liegen, alles mit dem veganen Käse bestreuen und bei geschlossenem Deckel auf mittlerer Flamme (zu Hause: bei mittlerer Hitze) etwa 10 Minuten garen.

FRANKIES MIT CHAPATI

und Minzsauce

Eigentlich stammen die Frankies aus Indien und sind dort als Streetfood unter dem Namen „Bombay Burritos“ heiß begehrt. Mir sind sie das erste Mal in Ostafrika auf den Teller gekommen, wo sie wahrscheinlich einst Händler aus Indien eingeführt hatten. Chapati findet man eigentlich überall in Afrika, vor allem in Sambia scheint es sehr beliebt. Mein schnelles Basic-Rezept für das berühmte „Flatbread“ findest du auf S. 153. Ich bereite von den Fladen meist eine ganze Wochenration vor.

ZUTATEN FÜR 2 PERSONEN

Für die Füllung

2 mittelgroße mehligkochend Kartoffeln

Salz

5 EL Pflanzendrink · 1 TL Currypulver

1 EL pflanzliche Margarine (nach Belieben)

1 kleine rote Zwiebel (in Scheiben)

1 EL Olivenöl

brauner Zucker (nach Belieben)

einige Blumenkohlröschen

1 Handvoll Erbsen (frisch oder tiefgekühlt)

1 kleine Dose Kichererbsen (ca. 240 g Abtropfgewicht)

Pfeffer · 3–4 Blätter Eisbergsalat

Für die Chapati

1 Rezept Chapati (siehe S. 153)

Für die Minzsauce

je 2 Handvoll Minz- und Petersilienblätter

1–2 EL Weißweinessig

3 EL Olivenöl

Salz · Pfeffer

1 Prise brauner Zucker (nach Belieben)

1. Für die Füllung die Kartoffeln schälen, grob in Stücke schneiden und in Salzwasser weich garen. (Wenn du ein Feuer hast, kannst du die Kartoffeln am Vorabend in Alufolie wickeln und etwa 45 Minuten in die Kohlen legen. Dann herausholen und bis zum nächsten Tag in der Alufolie aufbewahren.)

2. Kartoffeln in einer Schüssel zerstampfen, Pflanzendrink, Currypulver, ½ TL Salz und nach Belieben Margarine unterrühren.

3. Zwiebel in etwas Olivenöl in einer Pfanne glasig anbraten. Mit etwas Wasser ablöschen und nach Belieben 1 Prise Zucker hinzufügen. Gemüse und Kichererbsen hinzufügen, salzen und pfeffern.

4. Die Chapati wie im Rezept auf S. 153 beschrieben zubereiten.

5. Für die Minzsauce Minze und Petersilie waschen, trocken schütteln, in den Küchenmixer geben und auf hoher Stufe mixen (falls kein Mixer vorhanden ist, die Kräuter einfach mit einem großen Messer auf einem Brett so fein wie möglich hacken). Essig, Olivenöl und Gewürze hinzufügen und untermixen bzw. -rühren.

6. Den Eisbergsalat waschen, trocken schütteln und in feine Streifen schneiden. Die Chapati-Brote flach ausbreiten und mit der Minzsauce bestreichen. Etwa 2 EL Kartoffelbrei in die Mitte setzen und mit etwas Bratgemüse und Salat belegen. Das untere Drittel der Chapatis falten, damit das Gemüse nicht rausfällt. Die Seiten zusammenrollen. (Tipp: Etwas Kartoffelbrei kann super als Kleber dienen, um die Brotseiten zusammenzuhalten.)

PILZPFANNE

à la Stroganoff

Ein wirklich einfaches Rezept, das besonders für kalte Abende am Lagerfeuer gemacht ist. Die Pasta kannst du wahlweise auch durch Kartoffeln oder Naturreis ersetzen. Wenn du die Nudeln noch etwas aufpeppen möchtest, kannst du noch 1 Bund Frühlingszwiebeln in feine Ringe schneiden und zusammen mit den Champignons anbraten. Das verleiht der Sauce noch etwas mehr Würze.

ZUTATEN FÜR 2 PERSONEN

300–500 g Pasta nach Wahl

Salz · 1 Zwiebel

250 g Champignons

1 EL Olivenöl

1 Dose Kokosmilch (400 ml)

150 ml Gemüsebrühe (am besten selbst gemacht; siehe S. 153)

3 EL Sojasauce

1 EL Dijon-Senf

Saft von 1 Zitrone oder
1 EL Weißweinessig

Pfeffer

1 TL Mehl

ca. 2 EL Schnittlauchröllchen

1. Die Pasta nach Packungsanweisung in kochendem Salzwasser bissfest garen. Abgießen und möglichst warm halten.

2. Inzwischen die Zwiebel schälen und in feine Würfel schneiden. Die Pilze putzen und grob hacken.

3. Das Olivenöl in einer großen Pfanne oder einem großen Topf auf mittlerer Flamme (zu Hause: bei mittlerer Temperatur) erhitzen und die Zwiebel darin etwa 3 Minuten anbraten. Die Champignons hinzufügen und 5 Minuten mitbraten.

4. Kokosmilch, Brühe, Sojasauce, Senf und Zitronensaft oder Essig hinzufügen, gut verrühren und mit Salz und Pfeffer würzen. Das Mehl so lange unterrühren, bis keine Klümpchen mehr zu sehen sind.

5. Die Pasta in den Topf zur Pilzsauce geben und mit der Sauce mischen. Pilzpfanne mit Schnittlauch bestreuen und direkt aus der Pfanne oder dem Topf essen.

NÄCHTLICHE Tierbesuche

Wer zum ersten Mal auf Safari ist, mag erstaunt sein, wie die wilden Tiere uns Menschen zum größten Teil einfach ignorieren. Wir sind den Tieren so egal, dass sie in der Nacht, wenn wir in unseren Zelten schlummern, durch unsere Campingplätze schlendern, ohne sich groß um uns zu scheren. Im Folgenden eine Liste unvergesslicher Tierbesuche.

Die freche Hyäne

Eines Abends wurde eine Hyäne von dem Licht unseres Lagerfeuers angelockt, auf dem wir gerade unser Grillgemüse garten – für die Hyäne völlig uninteressant, aber das wussten wir natürlich nicht. Geduldig wartete sie hinter einer kniehohen Mauer im Schatten. Wir leuchteten sie regelmäßig mit der Taschenlampe an, um sie im Auge zu behalten. Als das Gemüse fertig gegrillt war, legte Frank die Lampe auf der Mauer ab, um uns zu leuchten, während wir das Gemüse auf die Teller luden – und zack! Da hatte die Hyäne ihre Chance gewittert und sich kurzerhand die Taschenlampe geschnappt! Alles, was wir noch sehen konnten, war das Licht der Lampe, das in der Dunkelheit davonhüpfte. Hyänen knabbern liebend gern alles an, was wir Menschen berührt haben. Schon oft haben wir am Morgen unsere Stuhllehnen, Schuhe oder Kochutensilien mit frischen Bissspuren vorgefunden.

Die Löwenfamilie

In einer stürmischen Nacht in Botswanas Okavango-Delta verkrochen wir uns zum Sonnenuntergang in unser Zelt und lauschten dem Donner und den prasselnden Regentropfen. Gegen Mitternacht mussten Frank und ich beide dringend aufs Klo, und so zogen wir uns die Schuhe an und hielten unsere Taschenlampen bereit. Es regnete noch immer in Strömen. Gerade, als wir den Zeltreißverschluss aufziehen wollten, hörten wir den besorgten Kontaktruf einer Löwin. Immer wieder rief sie in den Regen hinein. Wir waren uns sicher, dass sie ihre Jungen rief. Somit hatte sich das mit dem Toilettengang für uns erledigt. Wir wagten uns bis in die frühen Morgenstunden, als der Regen aufgehört hatte, nicht aus dem Zelt und schliefen mit unseren vollen Blasen natürlich überhaupt nicht. Doch es hat sich gelohnt: Am Morgen fanden wir Spuren der Löwenfamilie im Matsch vor unserem Zelt.

Bäumeschüttelnde Elefanten

Die beliebtesten Elefanten-Leckereien wachsen hoch in den Bäumen, z.B. die herrlich süßen Amarula-Früchte oder die Samenhülsen bestimmter Akazienbäume. Mit ihren ausladenden Hinterteilen geben die Elefanten den Baumstämmen einen Schubs, woraufhin die Früchte und Hülsen zu Boden purzeln. Obacht also, wenn diese Bäume Früchte tragen, denn dann sind die Elefanten ganz bestimmt nicht weit. Wir durften diese Erfahrung in Namibia machen, als wir unter einer Akazie campten. Des Nachts labte sich ein ausgewachsener Bulle an dem Baum, den er ungestüm mit seinem Hinterteil schubste. Mit seinem Rüssel riss er noch dazu die Äste herunter. Eine schlaflose Nacht …

Das blinde Nilpferd

Wenn Nilpferde fressen, dann ist das ein bisschen so wie Rasenmähen. Mit ihrem breiten Maul grasen sie den Boden ab und beißen das Gras nicht mit ihren Zähnen, sondern mit ihren scharfen Lippen ab. Dabei ist ihr Kopf stets nach unten gesenkt. Und da sie meist nur nachts zum Fressen aus dem Wasser kommen, können sie in der Dunkelheit ohnehin nur sehr wenig sehen. In einer besonders düsteren Nacht wurden wir von einem heftigen Stoß geweckt: Als wir vorsichtig mit der Taschenlampe nach draußen leuchteten, sahen wir unter uns ein Hippo, das so geschäftig am Fressen war, dass es mit dem Kopf unsere Zeltleiter gerammt hat.

Während wir Menschen nachts schlafen, tanzen die Tiere auf den Tischen.

VEGGIE-CURRY

mit Naturreis

Ein großer Favorit auf jedem unserer Campingtrips! Ich verwende für mein Curry einen sogenannten südafrikanischen Potjie – ein kleines „Pöttchen" mit drei Beinen, das ursprünglich für Fleisch-Stews gedacht war, aber eigentlich viel lieber für vegane Currys genutzt werden möchte. Das Gemüse kann man munter variieren, je nachdem, was man gerade noch im Kühlschrank hat.

ZUTATEN FÜR 2 PERSONEN

1 Tasse Naturreis · Salz

1 Zwiebel

2–3 kleine festkochende Kartoffeln

1 Möhre

½ Paprikaschote (Farbe nach Wahl)

1 Handvoll grüne Bohnen

100 g Brokkoli

100 g Blumenkohl

1 EL Olivenöl

100 ml Gemüsebrühe (am besten selbst gemacht; siehe S. 153)

1 Dose Kokosmilch (400 ml)

1 Dose stückige Tomaten (400 g)

je 1 TL Curry- und Ingwerpulver

Pfeffer

1 EL helle Sesamsamen (nach Belieben)

1. Den Naturreis nach Packungsanweisung in Salzwasser garen.

2. Inzwischen Zwiebel, Kartoffeln und Möhre schälen und in Würfel schneiden. Paprikaschote entkernen, waschen und in Stücke schneiden. Bohnen putzen, waschen und grob hacken. Brokkoli und Blumenkohl in Röschen teilen und waschen.

3. In einem Wok oder einer großen Pfanne das Olivenöl auf mittlerer Flamme (zu Hause: bei mittlerer Temperatur) erhitzen und die Zwiebel darin kurz anbraten. Brühe, Kokosmilch und stückige Tomaten hinzufügen und verrühren.

4. Nach und nach das Gemüse dazugeben, und zwar zuerst das Gemüse, das eine längere Garzeit hat (wie Kartoffeln und Möhre), dann nach etwa 20 Minuten das restliche Gemüse.

5. Das Curry mit den Gewürzen, Salz und Pfeffer würzen und bei schwacher Hitze weitere 15 Minuten köcheln lassen, bis alle Gemüsesorten bissfest sind.

6. Das Veggie-Curry mit Naturreis auf Tellern anrichten und nach Belieben mit Sesam bestreuen.

Tipp: Dazu schmeckt auch mein Chapati von S. 153.

Veggie

IRISH STEW

Gemütlich wird's abends am Lagerfeuer mit dieser veganen Variante des traditionellen Irish Stew. Das Schwarzbier ist kein Muss, aber es sorgt einfach noch mal für den extradeftigen Geschmack des Eintopfs. Das Gemüse kannst du variieren, z.B. eignen sich auch Erbsen, Kürbis oder Süßkartoffeln. Und das Beste: Außer Gemüse zu schnippeln und anzubraten, gibt es fast nichts zu tun!

ZUTATEN FÜR 2 PERSONEN

1 Zwiebel

2 Knoblauchzehen

3 Möhren

100 g grüne Bohnen

150 g Champignons

200 g kleine festkochende Kartoffeln

2 EL Olivenöl

50 g Mehl

¼ l Gemüsebrühe (am besten selbst gemacht; siehe S. 153)

1 Dose Schwarzbier (nach Belieben)

2 Lorbeerblätter

1 TL brauner Zucker

1 TL getrockneter Thymian

Salz · Pfeffer

1. Die Zwiebel und den Knoblauch schälen und in feine Würfel schneiden. Die Möhren putzen, schälen und in Stücke schneiden. Die Bohnen putzen und waschen. Die Champignons putzen und nach Belieben halbieren oder vierteln. Die Kartoffeln schälen und in Würfel schneiden.

2. Den Feuertopf oder einen großen Topf auf mittlerer Flamme (zu Hause: bei mittlerer Temperatur) erhitzen, das Olivenöl hinzufügen und Zwiebel und Knoblauch darin etwa 1 Minute anbraten. Das Mehl dazugeben und so lange unterrühren, bis keine Klümpchen mehr zu sehen sind.

3. Die Brühe und nach Belieben das Bier unterrühren. Das restliche Gemüse, die Pilze und die Lorbeerblätter hinzufügen. Mit Zucker, Thymian, Salz und Pfeffer würzen.

4. Den Eintopf bei schwacher Hitze 10 bis 15 Minuten köcheln lassen, bis sich das Gemüse mit einer Gabel durchstoßen lässt. Vor dem Servieren die Lorbeerblätter entfernen.

Linguine mit

LINSENBOLOGNESE

Ich muss gestehen: Pasta mit der traditionellen Sauce bolognese gehörte früher zu meinen Lieblingsgerichten. Inzwischen ist die Veggie-Variante für mich ein echter Klassiker, der natürlich auch auf Safari nicht fehlen darf. Wer Linsen nicht so gut verträgt, kann stattdessen Buchweizenkörner verwenden. Dann verlängert sich die Kochzeit um etwa 15 Minuten.

ZUTATEN FÜR 2 PERSONEN

400 g Linguine (ersatzweise Spaghetti)

Salz

1 Zwiebel

1 Möhre

3–4 Kirschtomaten

1 EL Olivenöl

1 Dose braune Linsen (ca. 240 g Abtropfgewicht)

1 Dose stückige Tomaten (400 g)

50 ml Gemüsebrühe (am besten selbst gemacht, siehe S. 153; oder Wasser)

Pfeffer

½ TL Knoblauchpulver

brauner Zucker

1 Handvoll Basilikumblätter

1. Die Linguine nach Packungsanweisung in kochendem Salzwasser bissfest garen, abgießen und möglichst warm halten.

2. Die Zwiebel schälen und in feine Würfel schneiden. Die Möhre putzen, schälen und in kleine Würfel schneiden. Die Tomaten waschen und grob hacken.

3. Das Olivenöl in einer Pfanne auf mittlerer Flamme (zu Hause: bei mittlerer Temperatur) erhitzen und die Zwiebel darin 5 Minuten braten. Die Möhre hinzufügen und weitere 5 Minuten braten. Die Linsen abgießen und mit den stückigen Tomaten und den Kirschtomaten unterrühren. Brühe bzw. Wasser dazugießen.

4. Die Sauce mit Salz, Pfeffer, Knoblauchpulver und 1 Prise braunem Zucker würzen und bei schwacher Hitze etwa 10 Minuten köcheln lassen.

5. Linguine unter die Sauce mischen, mit Basilikum bestreuen und entweder direkt aus der Pfanne genießen oder in zwei tiefen Tellern anrichten.

DRINKING JAR

GUT ZU WISSEN

Meine BASIC-REZEPTE

Natürlich sind hier im Buch alle meine Lieblingsgerichte enthalten.
Aber es gibt ein paar Rezepte, auf die ich besonders gern zurückgreife,
weil sie easy gemacht sind und entweder solo super funktionieren
oder sich bestens zu vielen anderen Gerichten kombinieren lassen.
Hier findest du eine kleine Auswahl dieser Rezepte.

Crispy Tofu

ZUTATEN FÜR 2 PERONEN

300 g fester Naturtofu

¼ l Gemüsebrühe (am besten selbst gemacht; siehe rechts)

2 TL Zitronensaft

2 TL Olivenöl

Salz

300 g Maisstärke

150 g Paniermehl

1. Den Tofu mit einem sauberen Küchentuch trocken tupfen, dann „pressen“: dazu den gesamten Tofu-Block in das Tuch wickeln, auf eine flache Oberfläche legen und einen schweren Gegenstand obendrauf stellen (ich verwende ein paar dicke Bücher oder meinen Feuertopf). Mindestens 1 Stunde stehen lassen (je mehr Zeit, desto besser).
2. Inzwischen für die Marinade in einer Schale die Brühe, den Zitronensaft, das Olivenöl und 1 TL Salz verrühren. In einer zweiten Schale die Maisstärke, das Paniermehl und 1 TL Salz mischen.
3. Sobald der Tofu gepresst ist, mit einem Messer in Scheiben schneiden und ggf. erneut mit dem Geschirrtuch trocken tupfen. Tofuscheiben in die Marinade legen und 15 bis 30 Minuten marinieren.
4. Ein Feuer machen und auf glühende Kohlen warten.
   Oder den Backofen auf 180 °C vorheizen.
5. Tofuscheiben mit den Fingern einzeln aus der Marinade nehmen und in dem Paniermehl-Mix mehrmals wenden, bis alle Seiten damit bedeckt sind.
6. Den Feuertopf mit Backpapier auslegen, dann die Tofuscheiben mit ausreichend Abstand nebeneinanderlegen. (Im Feuertopf kann es schwierig werden, alle Scheiben nebeneinander zu legen. Im Backofen wird der Tofu darum knuspriger, aber es funktioniert auch im Feuertopf!)
7. Ein Backblech mit Backpapier belegen und die Tofuscheiben darauf auslegen.
8. Die panierten Tofuscheiben 20 Minuten backen, dann einmal wenden und weitere 20 Minuten backen. Entweder direkt als Fingerfood snacken oder als Beilage servieren (siehe Tipp rechts).

Chapati (Fladenbrot)

ZUTATEN FÜR 6–8 BROTE

50 g Mehl

2 TL Backpulver

150 g veganer Joghurt (z. B. Soja oder Kokos)

1 Prise Salz

1. Alle Zutaten mixen, bis ein Teig entsteht, der dickflüssig genug ist, dass man ihn mit den Händen kneten kann. Falls er zu flüssig ist, etwas mehr Mehl hinzugeben. Falls er zu fest ist, etwas mehr veganen Joghurt oder Pflanzendrink hinzufügen.

2. Den Teig zu 6 bis 8 gleich großen Bällen formen, dann mit dem Handballen auf einem Brett flach drücken. Eine Pfanne ohne Fett erhitzen und jedes Chapati-Fladenbrot auf beiden Seiten goldbraun rösten.

Crispy Tofu passt prima zur Rainbow Lunch Bowl (S. 96), zu den Curry-Ramen (S. 100) oder zum Veggie-Curry (S. 144).

Zero-Waste-Gemüsebrühe

ZUTATEN FÜR 1 L BRÜHE

600–800 g gemischte Gemüseabfälle (siehe Tipp)

Salz (nach Belieben)

1. **Sammeln:** Zunächst müssen die Gemüsereste über etwa 1 bis 2 Wochen gesammelt werden. Damit alles frisch bleibt, die Reste in einer luftdichten Box im Gefrierfach aufbewahren. Gemüsereste mit hohem Wasseranteil wie Kürbis oder Kartoffeln eignen sich nicht so gut. **Ich empfehle, die Brühe am besten zu Hause vorzukochen und sie im Kühlfach in einem großen Einmachglas aufzubewahren.**

2. **Kochen:** Alle Gemüsereste in einen Topf geben und mit 1½ l Wasser übergießen, den Deckel aufsetzen und bei mittlerer Hitze etwa 1 Stunde kochen. Die Brühe probieren, nach Belieben mit Salz würzen und dann weitere 15 Minuten köcheln lassen.

3. **Abkühlen:** Den Topf vom Herd nehmen und die Brühe abkühlen lassen, dann durch ein Sieb in eine ausreichend große Schale gießen (oder direkt ins Einweckglas). Im Kühlschrank hält sich die Brühe etwa 1 Woche, im Gefrierfach bis zu 6 Monate.

   Tipp: Für die Gemüsebrühe eignen sich zahlreiche Gemüseabfälle: Zwiebeln und Knoblauch (Schale und Enden), Möhren (Schale, Enden oder etwas schrumpelig gewordene Exemplare), Knollensellerie (Enden oder ältere Stücke), Lauchenden, Champignon-, Grünkohl- oder Spinatstiele sowie Kräuterstiele und -blätter (z. B. Basilikum, Thymian, Oregano). Bitte verwende für die Brühe ausschließlich Reste bzw. Abfälle von Bio-Gemüse.

Zitronen-Dill-Sauce passt perfekt zu meinem Crispy Tofu (S. 152) oder zu Ofenkartoffeln, Pasta oder gegartem Blumenkohl.

Zitronen-Dill-Sauce

ZUTATEN FÜR 1 KLEINES EINMACHGLAS

1 kleine Zwiebel

1 Bund Dill

3 TL pflanzliche Margarine

¼ l Gemüsebrühe (am besten selbst gemacht; siehe S. 153)

2 TL Zitronensaft

100 ml Kokosmilch (nach Belieben; sie macht die Sauce cremig, aber so manch einer mag den Kokosgeschmack nicht so gern in deftigen Gerichten)

Salz · Pfeffer

1. Die Zwiebel schälen und in feine Würfel schneiden. Den Dill waschen und trocken schütteln, die Spitzen abzupfen und fein hacken.

2. Eine Pfanne auf mittlerer Flamme (zu Hause: bei mittlerer Hitze) erwärmen und die Margarine darin schmelzen. Die Zwiebelwürfel darin etwa 3 Minuten glasig anbraten.

3. Brühe, Zitronensaft und nach Belieben Kokosmilch hinzugeben und verrühren. Sauce auf niedriger Flamme (zu Hause: bei schwacher Hitze) etwa 10 Minuten köcheln lassen, dabei gelegentlich umrühren.

4. Den Dill unterrühren und die Zitronen-Dill-Sauce weitere 5 Minuten köcheln lassen. Mit Salz und Pfeffer abschmecken.

Cashew-Frischkäse

ZUTATEN FÜR 1 KLEINES EINWECKGLAS

300 g ungesalzene Cashewkerne

2 TL Zitronensaft

1 TL Apfelessig

1 Prise Salz

1 kleine Jalapeño oder 3 TL Schnittlauch (nach Belieben; jeweils gehackt)

1. Die Cashewkerne in eine Schale geben und mit 100 ml warmem Wasser übergießen, dann mindestens 1 Stunde einweichen lassen (ich lasse sie einfach über Nacht stehen).

2. Die eingeweichten Cashewkerne abgießen, in den Küchenmixer geben, die restlichen Zutaten hinzufügen und alles auf hoher Stufe mixen. (Auf Safari die eingeweichten Kerne auf einem Brett zerstampfen und mit den restlichen Zutaten mit einer Gabel mischen. Der Streichkäse wird dann nicht ganz so cremig, schmeckt aber genauso lecker!)

Veganes Basilikumpesto

ZUTATEN FÜR 1 KLEINES EINMACHGLAS

2 Bund Basilikum

2 Knoblauchzehen

100 g Pinienkerne (wahlweise Walnusskerne oder Cashewkerne)

1 TL Zitronensaft

½ TL Salz

4 TL Olivenöl

1. Basilikum waschen, trocken schütteln und die Blätter abzupfen. Knoblauch schälen und fein schneiden. Beides mit den restlichen Zutaten in den Küchenmixer geben und auf hoher Stufe mixen.
2. Das Pesto schmeckt ganz klassisch zu Pasta, passt aber auch bestens als Brotaufstrich oder als Topping zu Ofenkartoffeln oder meinen Blumenkohl-Steaks (siehe S. 116).

Mandel-Ricotta

ZUTATEN FÜR 1 KLEINES EINMACHGLAS

200 g blanchierte Mandeln

Saft von ½ Zitrone

1 geschälte Knoblauchzehe

Salz · Pfeffer

1. Blanchierte Mandeln in eine Schale geben und mit kochendem Wasser übergießen. Mindestens 30 Minuten stehen lassen.
2. Die eingeweichten Mandeln abgießen, mit dem Knoblauch, 50 bis 80 ml Wasser, Salz und Pfeffer in den Küchenmixer geben und auf hoher Stufe zu einer cremigen Masse mixen.
3. Der Mandel-Ricotta schmeckt als Brotaufstrich, verfeinert aber auch meine Wurzelgemüse-Pasta (siehe S. 114).

Olivenöl-Brotdip

ZUTATEN FÜR 1 KLEINES EINMACHGLAS

2 Knoblauchzehen

50 ml Olivenöl

je 1 TL Basilikum, Oregano, Rosmarin und Thymian (alles getrocknet)

1 TL Zitronensaft

½ TL Cayennepfeffer

Salz · Pfeffer

1. Knoblauch schälen und in feine Würfel schneiden.
2. Mit den restlichen Zutaten in eine Schale oder ein Einmachglas geben und mit einem Löffel gründlich verrühren.
3. Brotscheiben in die Sauce dippen (z. B. mein selbst gemachtes Chapati-Flatbread von S. 153 oder auch Brot vorm Vortag, das du über dem Feuer kurz angeröstet hast).

CAMPEN IN AFRIKA
Ist das überhaupt sicher?

Jede Safari in Afrikas Wildnis bringt ein gewisses Maß an Nervenkitzel mit, denn wir Menschen sind es nicht mehr gewöhnt, so nah dran an der Natur zu sein und mit den größten Säugetieren dieser Welt im Einklang zu leben. Auf Safari treten wir aus unserer Komfortzone heraus, darum ist es umso wichtiger, dass wir uns entsprechend vorbereiten. Im Folgenden teile ich die wichtigsten zehn Sicherheitstipps, die Frank und ich selbst strengstens befolgen:

1. Kenne die Tiere
Wenn du auf Safari mit einem professionellen Guide unterwegs bist, wirst du von ihr/ihm einen fundierten Grundstock an Wissen mit auf den Weg bekommen. Wenn du die afrikanische Wildnis jedoch allein bereisen möchtest, ist es sinnvoll, vor deinem Trip zu recherchieren: Welche Wildtiere könnten dir unterwegs begegnen? Zu welcher Tageszeit sind sie unterwegs? Was fressen sie? Wie verhalten sich die Tiere, wenn sie sich provoziert fühlen? Es gibt viele Bücher, Apps und Internetseiten, die du dir anschauen kannst. Eine gute Idee ist es außerdem, einen Ranger-Schnupperkurs zu belegen.

2. Vermeide Tierpfade
Bei der Wahl eines Campingplatzes für die Nacht solltest du nach heruntergetrampelten Tierpfaden Ausschau halten – das gilt auch für Plätze, die du für Geld gemietet hast. Nur weil es eine Toilette und Dusche gibt, bedeutet das noch lange nicht, dass die Wildtiere diesem Ort fernbleiben – im Gegenteil: Vor allem in der Trockenzeit, wenn das Wasser knapp wird, könnten Wildtiere gerade aus diesem Grund deinen ausgewählten Campingplatz aufsuchen. Das Letzte, was du dann tun solltest, ist dein Zelt oder Auto direkt auf einem Tierpfad zu parken, denn das könnte gefährlich werden.

3. Trage immer festes Schuhwerk
Das gilt vor allem nachts, denn keiner möchte in seinem Urlaub auf einen Skorpion treten. Sandalen sind in Ordnung, geschlossene Turnschuhe umso besser. Oh, und bitte kein Schuhwerk draußen vor dem Zelt stehen lassen – Hyänen klauen besonders gerne Schuhe, weil sie so gut riechen, und benutzen sie liebend gerne als Kau-Spielzeug.

4. Lass keine Essensreste herumliegen
Ja, das gilt auch für uns Veganer. Vor allem Elefanten und Affen lieben Früchte, aber natürlich auch die emsigen Ameisen. Am besten immer alles in luftdichten Behältern/Boxen oder im Kühlschrank verstauen.

5. Begegne den wilden Tieren mit Respekt und Abstand
Nur weil ein Tier regelmäßig in deinem Camp vorbeischaut, bedeutet das nicht, dass es zahm ist – im Gegenteil: Ein Tier, das in dein Camp kommt, hat mit großer Wahrscheinlichkeit die Scheu vor uns Menschen verloren und kann umso aggressiver reagieren – aber nur, wenn du ihm einen Grund dafür gibst. Halte Abstand und respektiere jedes Tier, zu jedem Zeitpunkt. Ganz egal, wie „zahm" es dir erscheinen mag.

6. Benutze Mückenspray und trage am Abend lange Kleidung
Zwar ist Malaria in wilden Gegenden viel weniger verbreitet als in eng besiedelten Städten und Dörfern, aber trotzdem kann das Virus auch hier zuschlagen. Darum bitte immer schön einsprühen und besonders zum Sonnenauf- und -untergang Kleidung mit langen Ärmeln und lange Hosen tragen. Falls die Sorge vor Malaria zu groß ist, gibt es aber im südlichen Afrika genügend Gegenden, die vollkommen malariafrei sind.

7. Halte dein Zelt stets geschlossen

Der Zeltreißverschluss gehört zu jeder Tages- und Nachtzeit geschlossen – auch wenn du selbst im Zelt liegst –, damit sich keine Tierchen einschleichen können.

8. Bleib nachts im Zelt

Die meisten Raubtiere wie Löwen, Leoparden und Hyänen sind nachtaktiv, darum solltest du deine Toilettengänge entsprechend planen. Wer doch einmal nachts rausmuss, sollte nicht allein gehen und vorher unbedingt ausreichend mit der Taschenlampe umherleuchten. Und das führt mich direkt zum nächsten Punkt:

9. Trage immer eine Taschenlampe UND eine Kopflampe bei dir

Hier lohnt es sich durchaus, auf Qualität zu setzen. Die Taschenlampe sollte einen ausreichend weiten Lichtstrahl haben. Ich verwende wiederaufladbare Batterien und achte darauf, dass ich Taschenlampe und Batterien immer an denselben Ort lege, damit ich sie im Fall der Fälle sofort zur Hand habe.

10. Erkunde die umliegende Gegend nie zu Fuß und niemals allein

Bleibe immer an dem dir zugewiesenen Campingplatz und lege auch die kürzesten Wege mit dem Auto zurück. Die Verlockung mag groß erscheinen, auch mal allein loszuziehen, vielleicht einfach nur, um ein stilles Örtchen hinter einem Busch zu finden oder die Wildnis zu genießen. Aber leider sind es genau diese Situationen, in denen die meisten Unfälle passieren.

2-WOCHEN-PLAN
für deinen Campingtrip

WOCHE 1	Frühstück	Lunch	Dinner
Montag	Warmer Apfel-Zimt-Porridge >> S. 36	Kartoffel-Möhren-Stampf mit Pilzsauce und Grünkohl >> S. 76	Wurzelgemüse-Pasta mit Mandel-Ricotta >> S. 114
Dienstag	Selbst gebackenes Lagerfeuer-Brot mit Kirschtomaten und Avocado >> S. 30	Grüner Risotto „Country-Style“ >> S. 66	Veggie-Curry mit Naturreis >> S. 144
Mittwoch	Pineapple Smoothie mit Kokosmilch >> S. 22	Zweierlei Falafel-Bällchen >> S. 68	Gefüllte Paprikaschoten mit Zucchini >> S. 120
Donnerstag	Gefüllte Süßkartoffeln mit Pekannüssen >> S. 60	Roasted Pumpkin Salad mit Cranberrys und Mandeln >> S. 88	Mediterrane Pfannen-Lasagne >> S. 130
Freitag	Overnight Oats mit Erdnussbutter >> S. 32	Gnocchi all'arrabbiata >> S. 82	„Geröstete“ Tomaten-Basilikum-Suppe >> S. 106
Samstag	Sweet Potato Pancakes „African Style“ >> S. 38	Crunchy Black Bean Wraps >> S. 84	Date Night Fettuccine >> S. 108
Sonntag	Veganes Bauernfrühstück >> S. 44	Blumenkohl-Shawarma mit Limetten-Tahini-Sauce >> S. 70	Black Bean Burger mit Sweet Potato Fries >> S. 110

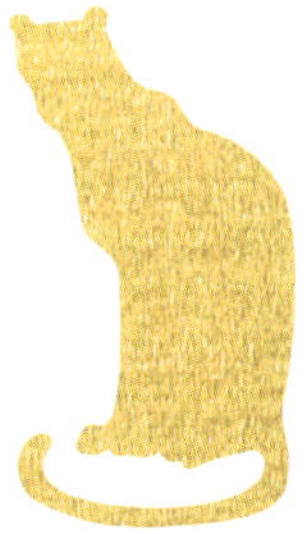

WOCHE 2	Frühstück	Lunch	Dinner
Montag	Strawberry-Peanut-butter-Smoothie mit Zimt >> S. 18	Lemon Cauliflower Pasta „Italian Style“ >> S. 90	Veganer Sheperd's Pie mit Linsen und Pilzen >> S. 124
Dienstag	Campfire Orange Cakes >> S. 52	Rainbow Lunch Bowl mit geröstetem Kürbis und Black Bean Dip >> S. 96	Linguine mit Linsen-bolognese >> S. 148
Mittwoch	Geschmorte Äpfel mit Granola >> S. 26	Bunte Curry-Ramen >> S. 100	Pilzpfanne à la Stroganoff >> S. 140
Donnerstag	Beeriger Buch-weizen-Porridge >> S. 62	Pita mit veganem Gyros und Zaziki >> S. 74	Zucchini-Enchiladas mit Jackfruit >> S. 136
Freitag	Lauwarmer Chia-Pudding im Glas >> S. 58	Kichererbsen-Salat-wraps mit Avocado-mus >> S. 80	No Meat Balls in würziger Sauce >> S. 122
Samstag	Sweet Apple Pie Bread >> S. 42	Pan-O-Nachos mit Tomaten und Bohnen >> S. 94	Blumenkohl-Steaks mit lauwarmem Kartoffelsalat >> S. 116
Sonntag	Cinnamon French Toast mit frischen Früchten >> S. 20	Veganer Pilz-Burger mit Walnüssen >> S. 72	Frankies mit Chapati und Minzsauce >> S. 138

Warum für mich CAMPING die beste Art von Urlaub ist

Was begeistert uns an den Bergen, Wäldern und Savannen dieser Welt? Die Antwort ist simpel: Es ist ihre Wildnis. Ihnen wohnen eine Ursprünglichkeit und eine Ruhe inne, die uns Menschen größtenteils abhanden gekommen ist. Heute mehr denn je suchen viele von uns die letzten wilden Orte dieser Welt auf, weil wir uns erinnern wollen. An das sensationell wilde Gefühl, wenn wir unter freiem Himmel schlafen, einem wilden Tier in die Augen schauen oder über dem Feuer kochen. Oder weil wir dieses Gefühl in uns wecken wollen. Vor allem das Lagerfeuer übt auf uns eine besonders magische Wirkung aus. Am Lagerfeuer haben unsere Urväter und Urmütter einst Schutz gefunden. Am Lagerfeuer ist uns das Knistern des Holzes und das Aufzüngeln der Flammen mehr als genug Unterhaltung. Am Lagerfeuer wird jeder von uns wieder zum Geschichtenerzähler.

Die Sehnsucht nach Ursprünglichkeit

Camping vermag uns wie keine andere Art von Urlaub das Gefühl von Wildnis zurückzugeben. Und je abgeschiedener, ursprünglicher und wilder der Ort erscheint, an dem wir für die Nacht unser Zelt aufschlagen und unser Feuer errichten, desto besser. Ich glaube, diese Erfahrungen von Ursprünglichkeit, von Wildnis, sind heute wichtiger denn je. Und darum ist es auch umso wichtiger, dass wir sie für diejenigen, die nach uns kommen, nicht ruinieren.

Wenn wir am letzten Morgen unseres Aufenthalts zusammenpacken, sollten wir uns darum immer fragen: Wie möchte ich diesen Ort vorfinden? Auch diese Antwort ist simpel: so wild und ursprünglich wie möglich. Ich möchte keine Essensreste, kein Klopapier oder keinen Müll vorfinden, darum hinterlasse ich einen Campingplatz selbst auch so sauber wie möglich. Das gilt für alle wilden Orte:

„Hinterlasse einen Ort so, wie du ihn vorgefunden hast.“

Ich möchte dieser Philosophie noch eins draufsetzen und sagen: „Hinterlasse einen Ort besser, als du ihn vorgefunden hast.“ Wenn jemand, der vor dir hier war, Müll hat liegen lassen – sammele ihn selbst auf. Wenn es festgelegte Plätze für die Feuerstelle oder das Zelt gibt – benutze diese, anstatt unberührte Vegetation zu zerstören. Vielleicht hinterlässt du den nächsten Campern sogar ein paar Holzscheite für ihr eigenes Lagerfeuer (die einzige Ausnahme für zurückgelassene Gegenstände) oder du verwischst sogar deine Fuß- und Autospuren und vergräbst die Asche deines Feuers, bevor du abreist.

Lass uns die wilden Orte bewahren, damit sie den nächsten Generationen erhalten bleiben. Damit auch sie unvergessliche, wilde Erinnerungen sammeln können.

REGISTER

Kaiserstraße 14 b
D-80801 München

ISBN 978-3-96584-097-3
1. Auflage 2021

Projektleitung: Ines Alms, Eva-Maria Hege
Lektorat: Eva-Maria Hege
Grafisches Konzept: Sabine Schröder
Grafische Gestaltung & Satz: Catharina Burmester
Fotografie: Gesa Neitzel & Frank Steenhuisen
Ilustrationen: siehe Bildnachweis
Herstellung: Frank Jansen
Producing: Jan Russok
Druck und Bindung: aprinta druck GmbH, Wemding

Kurze Wege schonen die Umwelt
Dieses Buch wurde in Deutschland gedruckt

Im Buch enthaltene Foodfotos können zur eigenen Nutzung erworben werden unter www.stockfood.com

ZS – Ein Verlag der Edel Verlagsgruppe
www.zsverlag.de | www.facebook.com/zsverlag

BILDNACHWEIS

Umschlag:
Shutterstock: ArtMari (Giraffe-Icon); Mallinka1 (Blatt-Icon); Starostov (Elefanten-Icon)
Inhalt:
iStock: Alpha-C: S. 7, 24, 47, 92, 118, 127, 152, 157–160 (Tier-Icons); cveiv: S. 30, 42, 50, 52, 60, 70, 88, 96, 106, 110, 116, 120, 122, 124, 132, 152 (Feuer-Icon); mountainbrothers: S. 36, 60, 76, 94, 114, 136 (Kochlöffel-Icon); shaneillustration: S. 20, 32, 54, 82, 90, 102, 106, 130, 140, 148 (Löwe auf Fels); Vdant: S. 30, 38, 42, 50, 52, 60, 70, 88, 96, 106, 110, 116, 120, 122, 124, 132, 152 (Herd-Icon);
Shutterstock: shaineast: S. 8–9 (Elefanten in der Savanne), S. 152–155 (Tiere in der Savanne)